TODO VA A SALIR BIEN

JOSÉ LUIS PIQUERO

TODO VA A SALIR BIEN

(Antología poética 1989-2024)

Edición de Rodrigo Olay

RENACIMIENTO

www.editorialrenacimiento.com
BUGANVILLA, I • 41907 VALENCINA DE LA CONCEPCIÓN (SEVILLA)
tel.: (+34) 955998232 • editorial@editorialrenacimiento.com

Diseño de cubierta: Marie-Christine del Castillo

DEPÓSITO LEGAL: SE 2399-2025 • ISBN: 979-13-87939-24-3
Impreso en España • Printed in Spain

LA ORACIÓN DE CAÍN:
UNA LECTURA DE JOSÉ LUIS PIQUERO

Diez años después de su única antología publicada (*Cincuenta poemas. Antología personal (1989-2014)*), y nada menos que a veinte de la aparición de su poesía reunida (*Autopsia. Poesía reunida 1989-2004*), era más que necesario que José Luis Piquero (Mieres, 1967) hiciese nuevamente arqueo de su trayectoria con este compendio que, con la novedad de once textos inéditos de un libro de próxima aparición, reúne aproximadamente, en sus setenta y seis piezas, la mitad de los poemas que el autor ha dado por buenos en una exigente trayectoria de ya más de treinta y cinco años. Y es que fue hace ya treinta y seis cuando Piquero, a sus escasos veintidós, publicó su primer libro, *Las ruinas* (Versus, Mieres, 1989), en una colección tan efímera como brillante que, bajo la dirección de José Manuel Cuesta Abad, acogió clásicos de la poesía asturiana como *Cuelmo de sombras* (1988), de José Luis Argüelles, que Piquero siempre ha reclamado como uno de los libros clave de su formación.

En *Las Ruinas*, colección de insólita madurez y de la que solo cinco poemas pasan a esta antología, estaba ya en pie lo fundamental de lo que ha venido siendo después la poesía de Piquero: la mirada lúcida e hiriente, un lenguaje poético de extrema precisión solo en apariencia prosaico, la adolescencia como infernal paraíso perdido («Días de 1985», «Días de 1986 y 1987») o el aprovechamiento del monólogo dramático, tan afecto también a muchos de sus compañeros de generación («Retrato del estudiante Harry Kurx»). Da muy bien el tono de este volumen, por su maximalismo, su pureza, su energía, un texto que hemos preferido dejar fuera de la selección, pero que merece ahora la gracia de la cita:

CANCIÓN DE ADOLESCENCIA

I

Fue nuestro ese entusiasmo sin pretextos,
la primera mañana sobre el mundo,
las tardes temblorosas junto a un cuerpo intocado,
la noche de los tiempos,
creyéndonos hermosos y triunfantes.

Quisimos ignorar la idea de la muerte,
presintiendo que iríamos a llenarnos de sombras.
Por eso levantamos
un sueño a la medida de nuestros pocos años
y nos dormimos ebrios en brazos de una brisa que era nada.

Por supuesto, pasó la adolescencia,
dejándonos los labios secos y doloridos.
La sucedió un cansancio sin límites; el miedo
disipó la mentira que era nuestro refugio.
El silencio cayó sobre nosotros
y nos quedamos solos.
Ahora mira
la ruina en que nos hemos convertido.

II

Quisimos ver estrellas de colores
en cada rostro y en cada mirada.
Para olvidar el frío,
dijimos que era aquella una edad poderosa,
que era dulce y lujoso el abandono
de nuestros miembros en la arena cálida;
un engaño que nos mantuvo vivos.

Hoy habita el silencio entre nosotros.

Para su segundo libro (del que siete poemas se recogen en estas páginas), Piquero eligió un título paradójico, *El buen discípulo* (Deva, Gijón, 1992), pues nada de discipular había en esos poemas en un momento en que comenzaba a cundir en la poesía española un cierto troquel poético que llevó a muchos autores a un acomodado epigonismo que se complacía en la reproducción formular de los modos de los grandes poetas de los ochenta. *El buen discípulo*, todavía un tanto a espaldas de los principales circuitos de la poesía española –pero de nuevo publicada en una exquisita serie que, bajo la dirección de Xosé Bolado, acogió libros de Víctor Botas, José Luis García Martín, Jordi Doce o Pelayo Fueyo; siempre poetas asturianos de resonancia nacional–, ahondaba en la misma línea de inconformista y descarnada introspección de *Las ruinas* y alcanzaba a llegar un paso más allá en esa senda de incómoda contemplación que ha venido signando la singladura poética de Piquero («Apunte biográfico», «En la rotativa»). Cómo no recordar, a tal efecto, los memorables, ásperos versos que abren «Defensa de la familia» («Aquí donde no tienen cabida los maricas / y a cometer los propios errores se prefiere / cometer los errores tranquilos de los padres, / uno es merecedor de este legado: / seguridad y pan, / paz y severidad y algún consejo», etc.), poema que, por perderse todavía un poco en su cuerpo central, hemos dejado al margen de estas páginas. No lo hace tampoco la breve pieza que se sigue, un poco a contrapelo del tono general del libro y de la obra de Piquero, seleccionada para dar razón de su capacidad de crear atmósferas y medirse también con las formas breves:

XIXÓN 1989

A la luz del Paseo
la playa solitaria.

Me miras y te miro,
no pensamos en nada.

Solo el mar, desde siempre
su música de acero.

(De esa noche quisiera
recordar algún beso).

Fue *Monstruos perfectos* (Renacimiento, Sevilla, 1997) el libro en que finalmente pudo José Luis Piquero darse a conocer más allá del Principado, hasta el punto de que la obra llegó a ser finalista del Premio Nacional de la Crítica; en ese mismo año, además, Piquero apareció en *10 menos 30*, la antología de Luis Antonio de Villena (ya lo había hecho dos años antes en *Selección nacional*, de José Luis García Martín) y desde entonces no ha faltado en ninguno de los principales recuentos antológicos del panorama poético nacional; desde el muy ponderado *Las moradas del verbo*, preparado por Ángel L. Prieto de Paula, hasta *Hacia la democracia*, de Araceli Iravedra, que me parece, lisa y llanamente, la mejor antología de su tracto cronológico. El caso es que *Monstruos perfectos* (del que aquí se recuperan doce textos) es, al decir de su autor —y dando buen ejemplo de su autoexigencia— el libro en que «empieza a atisbar una caligrafía propia», aunque un tanto exagerada resulta esa afirmación, pues *Monstruos perfectos* reúne sin duda muchos poemas que bastarían por sí solos para resumir y concentrar en uno lo fundamental de la obra de Piquero, ya que es este un libro en que sus obsesiones y fundamentales peculiaridades tonales han fraguado por completo en una voz inconfundible («Lo que dijo Judas esa noche» o «Iván y Arancha en Praga»). Habrá quien considere exagerado el elogio, pero cuando en 2003, como conmemoración del número 500 de la colección Visor, se preparó la antología consultada y comentada *Centuria*, en que 130 lectores elegían «los poemas del siglo xx que, por algunas razones, aprecian por encima de otros», Javier Rodríguez Marcos se decantó por un poema de *Monstruos Perfectos*, «Historia de G.», incluido también aquí. Nuevamente, me permito indultar otro poema del conjunto, que en su muy peculiar y cuidadosa construcción remite a otro de los textos antologados, «Cuatro», del que vendría a ser una suerte de predecesor:

CANCIÓN

«Verla partir y amarla como nunca».
NICOLÁS GUILLÉN

La quise sin querer, sin elegir,
contra mí mismo,
y ahora que se ha ido
saber que está en el mundo no me deja dormir.
Estoy perdido.

Y recorro su calle a ver si hay suerte,
que no me atrevo
a llamarla y me juego
la tarde en encontrarla, qué sé yo, casualmente.
Y no la encuentro.

He de hacer algo, o la pierdo o la amo,
contra mí mismo,

> *contra cualquier olvido,*
> *que es cobarde el olvido, que me atrevo y la llamo.*
> *Pero se ha ido.*

En cualquier caso, en lo que asiste toda la razón a Piquero es en considerar *El fin de semana perdido*, su penúltimo libro, como un fruto de absoluta madurez (lo que se transparenta en los veintitrés poemas aquí antologados, hasta dos tercios del volumen original). *El fin de semana perdido*, macerado a lo largo de doce años de escritura, resulta asombroso en su dolorosa intensidad («Nova»), en su conseguida coherencia («Oración de Caín»), en un aprovechamiento cada vez más novedoso del monólogo dramático («Entrevista con el Golem»), en la aparente proscripción de toda retórica («Abrigo azul») –a la que, desde luego, solo es posible llegar a partir de su más acabado dominio («Cuatro»)– y en una asombrosa delicadeza que da, creo, las notas más altas de la obra del poeta («Alumnas de una escuela de peluquería», «Borrador de un poema inacabado»), y que en ocasiones pueden pasar desapercibidas al lado del aguafuerte de otros textos más ásperos o incluso estremecedores (pensemos en «Quemaduras», de *Tienes que irte*).

No hay gran poeta sin perfecto dominio de la forma. En Piquero, solo un oído desatento pasaría por alto el juego constante con los metros imparisílabos o la música sutil de la asonancia; sin embargo, ni las formas consonantadas ni los poemas estróficos tradicionales han sido de su interés, hasta el punto de que solo ha publicado, que yo sepa, una décima, «Nochevieja, 1992», preterida en la *plaquette Cazador de autógrafos* (Servicio de Publicaciones del Principado de Asturias, Oviedo, 1994), libro este que constituyó una suerte de adelanto de lo que tres años después sería, con supresiones y enmiendas, la primera sección de *Monstruos perfectos*. El caso es que no quiero dejar de anotar aquí una fineza suya, que me confió en una de sus preciosas cartas, y que revela bien su autoconciencia de orfebre y su envidiable precisión técnica a la hora de cultivar sus largos versos de anchas sílabas, donde todo está sin embargo escrupulosamente controlado:

En métrica me he inventado mis propios truquitos. Por ejemplo, lo que llamo versículos con efecto contagio. Pongamos este: «Expurgada de toda vehemencia, una herramienta simple y disciplinada». En apariencia hay un endecasílabo (hasta la coma) y luego un feo dodecasílabo. Pero «de toda vehemencia» se junta con «una herramienta» y también forma un endecasílabo. Y ya sólo queda el heptasílabo «simple y disciplinada». Es decir, uno empieza leyendo el primer endecasílabo pero tiende a formar otro a mitad de lectura, como si fueran dos endecasílabos enredados.

Tienes que irte (Isla de Siltolá, Sevilla, 2017) supone, hasta el momento, su último libro publicado (y del que dieciocho piezas comparecen aquí). En él, Piquero extremó el uso del monólogo dramático, adoptando la voz de diferentes personajes y oscureciendo la efusión sentimental, a menudo sincopada, subrepticia. Se trata, por ello, de un libro de tintes expresionistas, menos directo y claro que sus predecesores, pero, al decir del poeta, de mensaje más contundente y complejo, y de mayor profundidad metafórica. Pensemos en «Veneno», suerte de *aggiornata* danza de la muerte; en «El día libre del diablo», que oblicuamente representa la desesperación de renunciar a los sueños; o en «Nolugar», cuento de terror que avanza y va a peor, y que al propio Piquero, por propia confesión, infunde pánico. Se trata con probabilidad de los textos más literariamente elaborados del autor, aunque puedan resultar al lector más fríos, intelectuales o inasibles; en todo caso, su lectura atenta siempre obtiene recompensa. Además, *Tienes que irte* ofrece el que acaso sea el poema más trágico de Piquero, el que considero quizá más demoledor y emotivo: me refiero al ya citado «Quemaduras», hondo vital y formalmente, que trata el tema de las autolesiones. En suma, no es que falte en estos poemas la sentimentalidad de otros de *Monstruos perfectos* o *El fin de semana perdido*, sino que está más escondida, casi, diríamos, soterrada; se trata de una emoción esencial y menos obvia, probablemente más intensa y pudorosa, disfrazada de cinismo o de una gelidez que solo se fingen tales.

Hay un hito fundamental en la obra de Piquero que voluntariamente he omitido porque merece consideración aparte. Aunque el recorrido por sus libros exentos no deba obligatoriamente detenerse en él, lo cierto es que *Autopsia. Poesía 1989-2004* (DVD, Barcelona, 2005) fue sin duda el poemario que acabó de convertir a Piquero en uno de los autores irrenunciables de su generación. *Autopsia*, galardonado con los premios Ojo Crítico y de la crítica de Asturias, adelantaba hasta una quincena de la treintena larga de poemas que luego compondría *El fin de semana perdido*. Lamentablemente, lo mismo su poesía reunida que este último título han sufrido los inevitables problemas derivados de la desaparición de su editor y están hoy fuera de circulación. Ello hacía necesario, si no imprescindible, un libro como el que ahora ofrecemos.

Por fin, a este prólogo sigue una apretada pero muy enjundiosa nota del autor que se basta en sus tres páginas escasas para decir lo fundamental, y que patentiza la capacidad de Piquero para pensar con certeza la poesía (no debe perderse de vista que ejerce con asiduidad el reseñismo literario y que incluso prologó y preparó allá por 1991 una antología de la poesía joven del momento, titulada *Poetas de los 90*, publicada como número monográfico especial, cuarto y último, de la revista *Escrito en el agua*). De hecho, desde las notas finales de *El buen discípulo*, ha acostumbrado hacer acompañar sus libros de una serie de reflexiones que, más que a la especulación teórica, gustosamente descienden a la precisión concreta y se orientan al comentario de pequeñas mañas artesanales al hilo de distintos poemas; en el caso de *El fin de semana perdido* y *Tienes que irte*, la sintética nota final encontró su complemento *maior* en una colección de explicaciones sobre muchos de los poemas del libro, aparecidas respectivamente en las extintas revistas *elsummum* (n.º 33) y *Clarín* (n.º 131); quizá sea una buena idea recuperar algún día todas esas virutas de taller, tan útiles para los estudiosos y los aprendices de poeta, si es que no son la misma cosa.

Y bien, puede llamar la atención la reivindicación de la parquedad y el elogio de la lentitud que Piquero abandera *de facto* (cinco libros en treinta y seis años); el caso es que no hay duda de que su andadura lo coloca en un espacio de sana y necesaria disidencia que por pleno derecho le corresponde y que buscan igualmente ocupar sus poemas, sin duda a contrapelo de una moral social (ya sea en sus vertientes sexual, familiar, educacional…: «Mensaje a los adolescentes») que los propios textos de Piquero consiguen revelar hipócrita, falaz y deshumanizada, muchas veces acudiendo a determinados arquetipos subvertidos del bien o el mal absolutos (Jesús, Caín, Judas): justamente, la búsqueda del absoluto en el amor o la amistad (en el otro) y en la creación (el yo) es la tentativa imposible, en tanto que abocada a la (auto) destrucción, entre la que brujulean, implacables, estos poemas («Amigos», «Lo que dijo Judas esa noche»…), y es ahí donde estriba el núcleo de refrescante radicalidad de esta poesía insobornable, maldita en el más noble sentido de la palabra, que jamás parece condescender con ninguna limitadora forma de pudor.

Interesante es demorarnos ahora en la serie de poetas a que se acoge Piquero para justificar su disidente parquedad: Rimbaud, que escribió toda su poesía en un rapto asombroso, más o menos entre 1871 y 1873; Cavafis, cuya obra poética canónica se compone de los famosos 154 poemas; y Gil de Biedma, cuya obra completa apenas supera el centenar. La lista no es ni pretende ser casual, porque estos tres autores son sin lugar a dudas algunos de sus referentes fundamentales: la rimbaldiana entrega total a la poesía como forma de vida, de la que Piquero siempre ha hecho profesión; la influencia literaria de Cavafis —en su vertiente menos culturalista—, desde el autobiografismo al homoerotismo (o, mejor, el *queer*), pasando por una vocación introspectiva que, con el fino escalpelo de la ironía, se vuelve sobre el propio sujeto poético sin que medie en esta operación la más mínima piedad (influencia declarada explícitamente por Piquero en los poemas «Días de 1985», «Días de 1986 y 1987»…, a espejo de los «Días de 1896», etc., del alejandrino); y el ejemplo tutelar de Jaime Gil, en su difícil facilidad, en su hábil aprovechamiento más o menos visible de la métrica clásica y en la utilización de un muy concreto registro lingüístico que acerca el lenguaje poético al coloquial sin que por ello pierda riqueza en matices ni capacidad de riesgo (y ahí están, por ejemplo, el sentido especial que Piquero acierta a dar al adjetivo «pequeño», los neologismos que crea mediante la yuxtaposición de dos palabras unidas con guion, sus siempre novedosas onomatopeyas o la cantidad de expresiones felices que continuamente troquela: «esa voz / salvaje como un fruto o sudar o una isla», «hablábamos los dos a cuchilladas», entre un numerosísimo etcétera).

Lo más llamativo no es tanto la selección de estos nombres (a los que podrían añadirse otros: no hay duda de que el José Luis García Martín poeta ha influido en Piquero aún más que el José Luis García Martín crítico), muy habitualmente citados en la joven poesía española de los noventa, como la voz erigida a partir de ellos, alejada absolutamente del algo conformista tono menor, asordinado y elegíaco, de encanto tan indudable como limitado alcance, al que estos referentes parecieron abocar durante un tiempo, singularidad esta que ha hecho de Piquero uno de los poetas predilectos de la nueva generación, poco atraída sin embargo por aquella poesía noventera (baste recordar que poetas como Sofía Castañón, Elena Medel, Martha Asunción Alonso, Bárbara Grande Gil o Sara R. Gallardo nunca han escondido su admiración por Piquero; desde luego, quien firma estas líneas hará bien en confesar que sus libros de poemas esconden, o eso me temo, dignos versos apócrifos de José Luis Piquero…). Con todo, falta en la lista de influencias piquerianas, amén de algún nombre sustancial, como el de Cernuda (también el de Ángel González, claro), otro núcleo fundamental:

a saber, la poesía contemporánea en lengua inglesa, de Eliot a Larkin o Sylvia Plath, pasando por Auden y Spender («Apunte biográfico», sin ir más lejos, está escrito a partir de un poema de este último). A tal efecto, no puede obviarse que Piquero seleccionó y tradujo la antología bilingüe inglés-asturiano *Cincuenta poemes del sieglu xx* (Trabe, Oviedo, 2000), una de las joyas de la traducción literaria al asturiano y en la que desde luego comparecen estos cuatro poetas y muchos otros.

Los últimos poemas de Piquero parecen insinuar una cierta vuelta al tono de *El fin de semana perdido*, en tanto en cuanto la presencia discursiva del monólogo dramático remite (pero no desaparece: piénsese en «El niño cojo», que juega a trazar la historia de quien no pudo seguir al perverso flautista de Hamelín), al tiempo que se aprecia una mayor contención en los textos, que adquieren un tono más directo. De la brutalidad autobiográfica de «Terminal», «La duda» o «Sala de quimioterapia» a la evocación celebratoria de «Años 80», pasando por el extraordinario epitalamio de «Luna de miel», muchos de estos poemas parecen destinados a convertirse en nuevos clásicos de su autor, de los que sus lectores recordamos, contrariamente con lo que sucede con los poemas de tantos correctos poetas inanes.

Quisiera, en fin, cerrar estas páginas reproduciendo una secreta poética del autor, cercana al poema en prosa, que en contra de mi criterio y del de Víctor Peña Dacosta siempre se ha negado a publicar en papel y que permanecía confinada y desapercibida en su ya difunto blog *La guarida de Caín*. Creo que la pieza resume a la perfección las obsesiones y la trayectoria del poeta, su pasado y su presente. Dicho en plata, «me he parado a oír lo que los demás no escuchan»:

CAYO LIVIO REFLEXIONA MIENTRAS SABOREA UN WHISKY

Me preguntó un amigo cómo imaginaba el momento de mi muerte. Sin serenidad, contesté. Con zozobra, con pánico. No creo que nadie muera en paz, sin lamentar amargamente todos los errores y el daño causado. Porque, queriendo o sin querer, herimos. Somos espantapájaros que agitan los brazos y golpean a ciegas. Y no espero que nadie me pida cuentas en el más allá: yo mismo me las pediré en los últimos minutos, que adivino de angustia. Sueño con eso. Me desvela al amanecer, y me retuerzo las manos, examinando mi conciencia. No recuerdo haber hecho daño a propósito, pero recuerdo haber hecho daño. Y tú también.

Por lo demás, he tratado de vivir la vida con intensidad. No quise añadir a mis pecados el de no celebrar la obra del dios: he amado a las mujeres y a los hombres. Me gusta el amor en grupo: es tierno y es erótico y nos hace mejores. Esa entrega, el puro placer, jamás la he lamentado. ¿Pude gozar más y no lo hice? Maldito sería yo, sólo por eso. No he sido cobarde, no he sido gazmoño. Para los timoratos esos escrúpulos. Ahorran su carne para el gusano.

Amé la música y la poesía. Fue mi manera de entender y entenderme. ¿Qué hubiera sido de mí ante el ruido del mundo si no pudiera sentarme a reflexionar un momento? Escribí algunas páginas, no muchas, que merecieron algún comentario, no muchos. Bueno, ya los merecerán. Mejor no estar para leerlos. Alguna cosa decía en esas líneas. Me he parado a oír lo que los demás no escuchan.

Hasta que lleguen la muerte y el miedo, estoy aquí con este whisky en la mano. No me ocupo más que de la felicidad. De otro modo traicionaría a la vida. Tengo negros pensamientos pero los espanto con un gesto y doy gracias al dios por el vivificante deseo, el vino y la literatura.

Vendrán otros dioses...

A la luz de las noticias de nuevos poemas de cuya escritura Piquero va dando cuenta en sus emails y del generoso anticipo aquí ofrecido, cabe esperar que pronto nos encontremos con un nuevo libro del poeta (ya hace ocho desde la aparición de *Tienes que irte*). Sé bien de lo que hablo, porque yo, que soy tan viejo como el más viejo de sus libros, hace ahora veinte años, al cumplir dieciséis, me hice regalar *Autopsia*, y desde entonces he abrevado con desesperación en sus versos a la búsqueda de algo semejante a mi propia voz. No cabe la más mínima duda de que José Luis Piquero, por más que suene a cliché, es un poeta admirable en su feroz autenticidad: todo un maestro. Desde luego, uno de los míos. Y esta antología viene a subrayarlo una vez más.

Rodrigo Olay

NOTA DEL AUTOR

En los telefilms norteamericanos de los domingos por la tarde, cada vez que los personajes están a punto de caer al precipicio mientras les disparan desde arriba, o acaso se encuentran atados de pies y manos en el sótano y el asesino está afilando el hacha, siempre hay un optimista que sentencia, con pasmosa seguridad: «Todo va a salir bien».

Me troncho de risa con la frase, tan cándida, tan ajena a los hechos objetivos. Pero lo más gracioso es que al final, contra todo pronóstico, la cosa «sale bien». La explicación está en el refuerzo positivo: si te lo crees, igual eres capaz de roer las ligaduras y darle un porrazo al asesino cuando menos se lo espera. O no: simplemente son películas malas y punto. En la vida real nada resulta tan fácil. Puede «salir bien», qué duda cabe, y a menudo sale bien; pero muchas más veces, con refuerzo positivo o sin él, todo acaba como el rosario de la aurora.

Mientras Rodrigo Olay y yo seleccionábamos los textos para esta antología, se me ocurrió que esa frase inútil, llena de ilusorias esperanzas, era casi un leitmotiv de mi poética. Podría decirse que sobre muchos de estos poemas flota cierta sensación de desastre, de que todo puede ir mal y seguramente irá mal. Pero en ellos también se celebra la existencia, y se conjura el desastre o hay cierta voluntad de arreglar el desastre, de hacer que «salga bien».

Hoy reúno en este volumen una parte significativa de mi escritura a lo largo de treinta y cinco años, y, como en un telefilm de los domingos por la tarde, inasequible al desaliento, lo acompaño con esa fórmula o conjuro, «Todo va a salir bien». Porque, en suma, nadie prefiere para sí mismo un mal fin.

Siempre me he considerado un poeta realista, y mis primeros poemas responden con exactitud a esa etiqueta. Más adelante, en algún momento, no es que se atenúe el realismo, sino que más bien se ahonda en otras formas de realismo. La realidad (no vamos a entrar ahora a definir lo que quiera que sea) tiene ángulos y huecos en los que prevalecen el sinsentido, lo irracional y lo absurdo. La conexión entre elementos diversos no siempre resulta visible ni evidente. Los sueños, por ejemplo, son un fenómeno real, y están llenos de disparates y lagunas de la lógica. En los últimos libros, aunque volviendo con frecuencia a una dicción clara y un relato lineal, he explorado con mayor asiduidad los recodos de lo cotidiano, a la busca de un significado más profundo de las cosas. «Romeo en el internado» o «Luna de miel» son lo que todo el mundo consideraría poemas realistas. «Nolugar» o «La manzana» plantean escenarios menos inteligibles en un primer acercamiento. Sin caer en la abstracción, eso no: soy de la escuela figurativa.

En cualquier caso, estos poemas hablan bastante de mí y de los que tengo cerca. Ninguna novedad. Gran parte de la poesía ha sido confesional y biográfica desde que existe el género, y no pocos poetas han tratado de mitigar su desazón y disipar sus perplejidades hablando abiertamente de sus propias vidas, en la creencia de que la vida de uno se parece mucho a la de los demás, y por tanto esa experiencia compartida puede arrojar luz sobre esto y aquello y lo de más allá. Y es que si algo me fascina en este mundo son los seres racionales que vivimos en él, las leyes sociales mediante las cuales interactuamos y las emociones que surgen durante ese intercambio. Me gusta contemplar un bonito paisaje, pero difícilmente escribiría un poema sobre esa sensación. Me interesan en cambio los hombres y las mujeres, sus amores, sus odios, su mezquindad y su grandeza, su simplicidad a veces y su terrible complejidad. Y he intentado desentrañar los motivos que nos mueven observándome a mí mismo y a los otros. Perdonadme, muchachos, tampoco soy tan listo: en última instancia, me conformo con ser un testigo atento que se ha aventurado a opinar.

Treinta y cinco años escribiendo poemas (sin contar el parvulario poético previo) son muchos años. Me he releído con zozobra y con algún pesar, porque he vivido y escrito intensamente, dejándome la piel. No se hacen preguntas en vano: puede que no te gusten las respuestas. (Lo sé, siempre he sido un poco dramático).

Aligero los textos de las dedicatorias que llevaban en su momento, pero las mantengo de corazón. Quiero mencionar, sin embargo, a Abelardo Linares, de quien surgió la generosa idea de hacer este libro, y a Rodrigo Olay, que seleccionó los poemas, escribió el prólogo y se involucró en todos los detalles de su confección. Si la cosa «sale bien» es gracias a ellos.

José Luis Piquero
Punta Umbría, enero de 2025

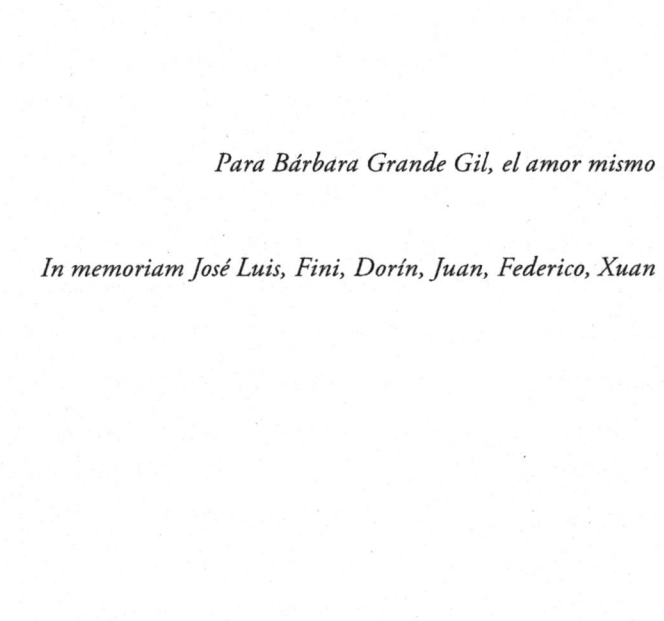

Para Bárbara Grande Gil, el amor mismo

In memoriam José Luis, Fini, Dorín, Juan, Federico, Xuan

DE *LAS RUINAS*

(1989)

RETRATO DEL ESTUDIANTE HARRY KURX

(Edimburgo, 1829)

Es cierto que vivió sólo para sí mismo,
que su amistad fue interesada casi siempre
y que hizo de nosotros sus vasallos, pero
¡qué dulce vasallaje servir a un hombre tal!

Su rara inteligencia, su entereza,
esa facilidad para llevarnos siempre a su terreno,
su experiencia en las lides del amor.
¿Qué más hay que decir?
¿Quién de nosotros no envidiaba sus cualidades, quién
no quiso alguna vez ser Harry Kurx?

Cierto que a veces en su escepticismo
de hombre conservador al fin y al cabo
había una distorsión, como el vacío
de la fe, donde encajan, como en un mal apaño,
las creencias mundanas.

Pero ya no hace al caso en esta hora, siempre
se mostraba seguro de sí mismo y especialmente cínico
en todo lo tocante a asuntos de dinero.
«Cuando un hombre de mundo
se encuentra por azar con unas libras extra en el bolsillo
(un golpe de fortuna, una súbita herencia
o alguna vieja dama agradecida),
pues bien, para estos casos existe una costumbre:
no debe dedicarse a comprar libros caros,
ni a convidar a nadie,
ni a saldar viejas deudas;
ha de pedir prestado en lugar de prestar».

Bendito sea, supo como nadie
paladear la copa rebosante del mundo,
y nos abrió las puertas.
Cuanto hemos aprendido
se lo debemos en buena medida.

Y ahora se ha quedado sin guía nuestro grupo.
¿No le recordaremos cuando en nuestras veladas de café
el diálogo se agote y la conversación
decaiga y no haya nadie
capaz de conducirla?

O en nuestras correrías nocturnas, ¿no diremos:
«Estas eran las cosas que él encontraba gratas»?

¿No parecía imposible que también
a un hombre de su especie lo alcanzara la muerte?

Descanse en paz; nosotros, obra suya,
permanecemos, y él está en nosotros.

DÍAS DE 1985

Vuelven con insistencia a la memoria,
como un perro ladrando en la distancia,
aquella tarde, tú, nuestros amigos,
la fiesta por motivos que he olvidado,
nuestro último refugio adolescente.

Bebíamos con prisa, como habíamos vivido,
compartiendo una suerte de desesperación
en cada trago. Es cierto
que se nos escapaba algo precioso,
con el grato sabor de lo que es familiar y cotidiano,
algo que no aprendimos a descifrar entonces.

Fue la tarde terrible en que tú y yo ensayamos
el amor y el peligro;
el amor que llamábamos deseo,
el peligro que habita
en todo lo prohibido y codiciable.
Es vino apuramos

en secreto y a espaldas de los otros,
con la dulce torpeza
del que se inicia en algo delicado y sutil,
largamente incubado en soledad y noches de abandono.

Pero de qué curiosa manera envejecemos
y cómo se resiente la carne con los besos;
a veces duelen tanto que dejan en la cara
señales de un cansancio más grave que la muerte.

Siempre me he preguntado
si cuando regresamos al bullicio
ya sabíamos que todo había cambiado,
que era la última noche de la Historia, y por eso
sobraban las palabras.

Sólo sé que la gente reía y había música
y queríamos que fuese para siempre,
que el mundo entero fuera aquel secreto.

Y entonces se apagaron
las luces y de pronto
se había borrado el mundo.
Y nosotros, borrachos,
bailábamos, bailábamos…

DÍAS DE 1986 Y 1987

Repetimos aquellas escapadas en varias ocasiones.
Siempre con miedo, siempre
con prisa y sin amor.

Una vez, con desdén, vino a decir
que no me deseaba como un loco ni nada parecido;
tan sólo veía en mí ocasiones propicias.
Yo tampoco pensaba en otra cosa, dije.
La franqueza nos hizo verdaderos amantes
y perdimos el miedo y la vergüenza.

Estudiantes en casa de los padres,
solíamos encontrarnos en los lugares más inverosímiles:
el sucio callejón de Independencia
(que, recordando a Eliot, yo llamaba *Rats' Alley*),
los servicios de un bar de mala muerte
y hasta la casa de una novia suya,

encerrados en el cuarto de baño,
simulando que yo estaba borracho.

Y así ocurrió durante varios meses,
sin compromisos, sin rendirnos cuentas.
Jamás hablamos de ello
y nadie sospechó que hubiera entre nosotros
algo más que una sólida amistad.

Hoy, con la perspectiva que da el distanciamiento,
puedo mirar aquello con cierta lucidez,
preguntarme si acaso
no sería lo nuestro el modo más sencillo
de conjurar la angustia ante un futuro
cargado de presagios.

El amor nos ablanda y adormece;
el peligro –pensábamos– despierta los sentidos,
nos hace invulnerables.

Y si las verdaderas victorias son secretas,
¿quién duda que triunfamos –no quedó otra ganancia–
sobre la acobardada mayoría?

BYE BYE, BLACKBIRD

ENTONCES nos moríamos
muy lentamente, era
una pequeña muerte, anónima y feliz.
Porque a veces la vida es una fiesta junto al mar,
y se apaga tan sólo si las luces se apagan.

Sobre todo recuerdo las primeras farolas
con el último sol, y las guirnaldas
de colores chillones; esa luz
esa la que permanece,
casi casi entre nieblas.

Ahora, la ciudad y las calles vacías,
la lluvia en los paraguas y el temblor de las manos, pero allí,
bajo la misma luz, alguien está bailando.
No han llegado los años que estaban por venir.

Nunca, no se terminan nunca
ni la fiesta ni el mundo.

NOCTURNO

«Pagado amor por toda compañía,
y alcohol, sombras y besos de ceniza».

José Luis Argüelles

Las sombras le acompañan, dibujan en su cara
señales de cansancio.

Repite la costumbre
de demorar las horas ante un vaso.

Busca la compañía
venal de una mujer, el rito
de olvidarse a sí mismo sobre un cuerpo alquilado.

Sale a la calle, nadie,
y piensa que la calle
es demasiado larga para tanto cansancio.

Luego la casa al fin
y el sueño como un bálsamo:
no ser.

DE *EL BUEN DISCÍPULO*

(1992)

DIPSOMANÍA

E L temblor de las manos, la angustiosa
sensación de vacío que contrasta
con la euforia inicial; de pronto, el miedo,
porque la noche deja de parecer eterna
y el resto del sendero nos es bien conocido. Demasiado
tarde para volver atrás; nuestros propósitos
de enmienda han sido débiles
razones hace apenas unas horas.

Desde fuera nos vemos alejarnos.

Ciegos, contra el espejo, al día siguiente,
reconstruir la noche, paso a paso,
para ver si hemos hecho una vez más
algo ya irreparable.

APUNTE BIOGRÁFICO

Pero también a mí me partieron la cara
en más de una ocasión. En aquel tiempo
temía –como Spender– a los chicos del barrio,
matones con jerséis de Benasque y playeras
que odiaban a las madres y a los niños con gafas.

El miedo, pienso ahora,
es una presa fácil. No se explica
de otro modo la astucia, aquella maña
que se daban para atraparme siempre,
aunque volviera por otro camino
de la escuela o bajase a comprar pan
a donde era más caro pero estaba más cerca.

Eran hábiles con el cigarrillo,
conocían las zonas donde la quemadura
podía doler más. Algunas veces
les bastaba el insulto desde lejos.

En los días de fiesta eran más peligrosos,
porque tenían tiempo de sobra por delante
y el escenario idóneo de una calle aburrida.

Y lo que más lamento ya no son los cuadernos
de dibujo manchados de tinta o los tebeos
que un día me quitaron, sino el otro
expolio de mi infancia ignorante y feliz,
la fe ciega en un orden de las cosas,
la armonía del mundo que, prematuramente,
hicieron mil pedazos en medio de la calle.

Y sobre todo el odio, el rencor insensato
de tantos años hacia los adultos:
Pasaban en silencio, sin mirarnos.
Siempre llegaban tarde a impedir las peleas.

ROMEO EN EL INTERNADO

AMABA su inocencia, su cálido contacto
casual durante el juego,
la sonrisa radiante que también cautivara
desde el primer momento al Superior.
Los muchachos más brutos le regalaban dulces
y todos lo escogíamos para formar equipos.

Yo amaba como un loco su pereza en las tardes
de calor cuando, medio adormilado,
la postura indolente, parecía perderse
en el huerto, muy lejos, tras el gran ventanal,
y el profesor de Ciencias era un adorno inútil.
Lo amaba si el jersey se le caía
de la cintura hasta casi el tobillo,
o al declarar muy serio su aversión por la sopa,
o no entendiendo un chiste de los verdes.

Amaba sobre todo su indefensión, las lágrimas
que tanto embellecieron sus ojos cierta vez
al herirse la pierna en el patio y llevarlo
apoyado en mi hombro a buscar una venda.

Y el momento glorioso en que le dieron
—por su cara bonita— el papel de Julieta
y pude al fin decirle que lo amaba, lo amaba,
en voz alta, mirándolo a los ojos,
ante todo el colegio, ante mis padres.

EN EL CAMPING

Su belleza —un escándalo
de juventud y risa—
no diré que era el único motivo.
Porque tal vez es cierto que uno puede
enamorarse de detalles tontos
y entrañables: decía siempre «¡Oh!»
antes de contestar; pero además bailaba
maravillosamente; y luego aquella
manera tan graciosa
de llevar el flequillo encima de los ojos.

En el camping tenía mala fama,
un fox-terrier y una hermana más joven.
Bajábamos al pueblo muchas veces
y yo pagaba el cine, los refrescos,
como un novio feliz y complaciente
que acaricia cabezas de perros y de niños.

La noche antes de irse intercambiamos,
con las señas, promesas de escribir.

Y aunque es cierto que tengo
su postal desde Roma y varias cartas,
de ese verano guardo sobre todo
la penosa impresión del fracaso cobarde,
cierto desasosiego que en los días de sol
me parece vergüenza.

                    Hubiera sido
mucho mejor besarlo aquella noche
y perderme con honra y no escribirle.

NOCHE ANTES DE LA SEPARACIÓN

Amores de verano

MAÑANA empezará tu voz a ser
un recuerdo, tu rostro un gesto helado
en el tiempo sin vida de unas fotos.

Dejarás de ser tú y será tu imagen,
cada vez menos fiel, lo que yo ame.

Y escribiré mil cartas intentando
un futuro imposible. Llegará
por fin la indiferencia. Todavía
te pondrá la nostalgia dulces máscaras
alguna noche a solas. Después nada.

Y cuando mi memoria te traicione
por completo, será como si nunca
hubieses existido. Te inventé,
o te soñé y ya el día te disipa.

EN LA ROTATIVA

«Era malo estar solo,
pero peor aún
sentir vergüenza de estar solo».

José Luis García Martín

Fue al principio una simple cuestión de desconfianza,
y refugio del tímido después.
Con el tiempo, una forma de afirmación, la búsqueda
de la identidad propia en el despego.

Entre ellos, supongo, yo era sólo
«ese que no habla nunca»; para el jefe gruñón
un apellido; y dos manos, en fin,
que trabajaban rápido: un rostro indiferente.

Si alguna vez sintieron curiosidad, lo ignoro;
la extrañeza se agota en la costumbre
y al fin y al cabo nada nos unía
más allá de un trabajo de estudiante –dinero de bolsillo–
las noches de los sábados durante cuatro horas,
cuatro noches al mes durante años.
En suma: no nos importábamos.

Y sin embargo en cuántas ocasiones,
en medio de mi terco aislamiento, envidiaba
su camaradería, la franqueza
de la risa y la broma, como alguien
que, rencoroso, observa desde lejos
la fiesta a la que no ha sido invitado.
Y a menudo –lo admito– deseé
ser distinto, ser otro, merecer como ellos
un saludo más cálido al entrar
y una palabra amable, otra forma de vida.
Porque sin duda aquella nave inmensa
era también la vida, su reflejo,
a escala de periódico, acusándome.

El ruido de la máquina (el tic-tac
de un reloj gigantesco sobre un rumor de ruedas)
con las voces ahogadas de los operadores,
la cinta que incesante vomitaba
inútiles cuadernos entintados,
y el esfuerzo común, con funciones diversas,
en un solo objetivo incuestionable,
serán, tal vez, metáforas demasiado evidentes
de los gestos del mundo.
                                        Pero es cierto

que todos ocupábamos nuestro lugar previsto,
y cada cual hacía su papel
necesario, terrible, en la ordenada
sucesión de los hombres y las cosas:
la imposibilidad de una suerte mejor,
esa oscura certeza
que acaso nos disculpe a mí y a ellos.

El fin de la jornada, al despedirnos,
inminente la hora de acostarse,
pudo ser muchas veces el momento
de decir todo junto, de explicar
tanto silencio inútil.
                              Pero, siempre,
yo estaba muy cansado, y algo triste.

EL BUEN DISCÍPULO

«Eras tú quien ponía
murallas de sarcasmo
a mi inútil franqueza».

JON JUARISTI

TANTOS años a solas, intentando
conquistar tu silencio y abatirlo.
Tantos años queriendo oír palabras,
no de ternura o fácil
asentimiento, mas las que en justicia
merecía, aprobando un comentario
acertado si hablábamos de versos
o si opinaba con algún criterio
acerca de los temas que más te interesaban. Tantos años
perdidos disputando el respeto perdido de antemano
y a la postre cualquier gesto de afecto o comprensión.

Pero tú no. Oponías
a mi calor el respeto distante
que se guarda para las cosas vanas,
y a mi deseo de agradar el muro
sin puertas del que observa
celosamente un orden de superioridad.

Reconozco, con todo, que era un juego
divertido la lucha por la supervivencia en nuestro círculo,
esa necesidad de precaución
y el riesgo estimulante de aventurar un juicio
atrevido que, inevitablemente, tomabas como excusa
para, ante los demás, ponerme en evidencia.
Los demás, mudos, dóciles; esos eran los tuyos. (Me pregunto
qué hacía de aquel reducido ámbito
provinciano metáfora del triunfo o escuela de la vida).

Que esencialmente fuéramos
tan parecidos en nada ayudó. Bien al contrario,
tememos a quien puede conocernos,
desvelar las regiones que ocultamos a diario,
donde todo dolor tiene su asiento. Y además
tal vez en mí veías una imagen
deforme de ti mismo, definidos
con mayor nitidez tus propios rasgos;
la conciencia molesta
de quien oculta a un grave moralista.

Y al fin no te juzgué con más dureza
que a mí mismo. A través de nuestro ejemplo
de incomunicación, de pretendida

indiferencia, dibujé el perfil del hombre condenado
al rito de palabras, de gestos y actitudes
copiados de los otros, escondido
su espíritu tras la común mecánica
complicada que llamamos vivir.
Y aunque ese sea el único papel
que me fue permitido interpretar, sería ingrato
por mi parte ignorar que me enseñaste mucho,
e inútil pretender que algún resentimiento prevalece
sobre la admiración que siempre me inspiraste.

Porque lo que me debes, mi derrota salvándote,
la derrota consciente y aceptada, como quien se somete
serena y dignamente a un injusto castigo,
hoy ya me iguala a ti
y me hace jugador del fascinante,
perverso juego de tu inteligencia,
como yo quise siempre y, en el fondo,
tú esperabas de tu mejor discípulo.

Oscuro, atormentado, solitario:
mi postrer homenaje, mi gran triunfo.

DE *MONSTRUOS PERFECTOS*

(1997)

CAZADOR DE AUTÓGRAFOS

«X. el más implacable cazador de autó-
grafos de Asturies, siempre acechante ante
cualquier popular, famoso o importante
que aterrice en nuestra región, consiguió
cobrarse varias piezas en la fiesta de…».

(Leído en la prensa)

V ESTIDO con mal gusto y ese aspecto
de perro triste, eres mi pesadilla
y también una incógnita. Quisiera
saber cómo es el mundo cuando abres
los ojos para ver la gloria ajena,
y si serás feliz y todo eso.

E intento comprender y, elucubrando,
empiezo a imaginar más amplias miras
para lo tuyo: mención en el Guinnes,
congresos de cazadores de autógrafos,
un mundo clandestino –como la poesía–,
con revistas, no sé, correspondencia…
O tu fascinación sencillamente
por gentes que han de serte tan extrañas
y complicadas como tú lo eres

para mí, o lo que dirán tus padres,
una forma cualquiera de pasar,
de haber estado aquí.

                    Mientras nosotros
fingimos no escuchar, tú cuentas otra
historia a alguien que finge que te escucha
(cómo dijo y el gesto de las manos
y el ambiente que había), y luego exhibes
con orgullo las pruebas indudables
del contacto (la firma y una foto),
y de eso vives, de eso te alimentas.

Ojalá no tuviera la sospecha
de que nos parecemos demasiado
y que compadecerte es una excusa.

Acaso tú eres más sabio que yo:
Un perdedor sin más. Todos perdemos.

NOCHES A SOLAS
CON LOS AMIGOS DE ANTES

Te juro que de noche vienen a verme todos
aquellos que he engañado a lo largo del tiempo.
Me miran con los ojos terribles de tristeza,
seguro que no saben que me alegro de verlos.

Mis amigos y víctimas. No es tan malo en el fondo
estar aquí sentado recibiendo visitas.
Mis víctimas de cuándo y por qué. Si pudiera
yo les explicaría que no soy responsable.

Con la noche muy alta oigo lejos los trenes
y a menudo me pierdo en las luces del fondo.
Una ventana sola, con una luz muy triste,
me distrae un momento con preguntas absurdas.
Quién vela en ese cuarto y si vendrán a verle
fantasmas de los vivos con los que trató un día;
también estos —me digo— le recordarán hechos
del pasado, secretos, graves conversaciones

de adolescentes, sombras de una tarde de sol
con adornos de fiesta y una banda tocando,
o un café en una vieja cafetería del centro,
copas a medianoche, gente que dice cosas.

Darán otras versiones, cambiarán un detalle.

Él se esfuerza en hacerles comprender que no siempre
varios puntos de vista vienen a coincidir,
pero con un esfuerzo, de buena fe podríamos
situar el contexto y ponernos de acuerdo
en lo más esencial.
                              Pero ellos me responden
que es demasiado tarde para pasar por alto
tantas malas jugadas como he hecho en mi vida,
las pequeñas traiciones, las infidelidades,
y con razón me dicen que, si soy inocente,
por qué les dejo franco el paso de mi cuarto,
y preguntan si tengo la conciencia tranquila.

Y te juro que entonces ya no sé contestar
y aventuro tardías disculpas que no escuchan.
Empiezan a dar mueras para matarme poco
de esas muertes pequeñas que causan tanto daño,

y me quedo pequeño yo también y desnudo
y en mi rincón de siempre me abrazo a mis rodillas
sin encontrar tu mano para apretarla fuerte
mientras llueven los golpes, y te llamo, te llamo,
dónde estarás tú sola con tus propios fantasmas.

Algunas noches vienen a visitarme todas
las personas que he amado a lo largo del tiempo.
Ojalá que una noche me encontrasen dormido.
No querrían entonces que yo las visitase.

MALO

Yo soy malo. ¿Recuerdas cuando Gina
me lo llamaba —*Malo*—, no con esa
complicidad coqueta tras mi típica broma
cruel a costa de alguien, sino en serio
y con la gravedad de lo que es cierto
y muy triste (ya estábamos
a punto de dejarlo).

Es curioso: de niños somos «malos»
sin más; después ser malo
se llena de matices: eres cínico
(malo), rebelde (malo), contestón
(malo).
      Llegas a adulto y las palabras
recuperan su antigua contundencia:
te miran con sorpresa y rebuscado
espanto y *¡Tú eres malo!*, dice alguien
resumiéndolo todo, tus traiciones

cotidianas, tus infidelidades,
tu vicio: causar daño.

                                  Vicios: Bichos.
Ninguna casa está libre de bichos.

En cada grieta, bajo tu colchón.
Huyen de ti, te pican, te dan miedo.
Se alimentan de ti.

ELOGIOS DEL PEZ-LUNA

(Por P. F.)

Ese vértigo-abajo de los días peores
al fin no es más terrible
que ese vértigo-arriba de la infancia
mientras alguien se inclina hacia nosotros
desde torres monstruosas y nos deja
un pellizco de susto en la mejilla.

Acaso tu problema fue quedarte
en aquellas regiones tanto tiempo
y no haber asumido esta estatura;
ser siempre el niño atónito
al que cambiaban sustos y juguetes
por miradas de pasmo y unas gracias.
Apostaría a que fuiste un niño silencioso.

De las mañanas tontas de cafés y sin clase
(hace no muchos años) me han quedado

unas cuantas imágenes sucesivas de ti:
Pelayo en blanco y negro, muy de acuerdo
con lo que ha dicho alguien y está claro.
Pelayo un disparate de voces, consiguiendo
que nos echen. Pelayo
con la mirada fría y en silencio. Por fin,
Pelayo desolado frente al vértigo
de sus peores días, ya inconexo y terrible,
lejos de todos, roto.
                          Lo confieso:
casi te aborrecí por habernos dejado
solos, por asumir
ese papel confuso, desgraciado, que hacía
de nosotros inútiles testigos
de tu dolor, figurones sin frase;
y porque nos pusiste
frente a frente con algo que se parece al miedo.
Eras un ser extraño: un pez de charco,
un comedor de tierra, un *joker* triste
perdido no sé dónde entre los naipes,
y me acuerdo de días
en que te despedí ya para siempre
y ya sin sentir nada.

                    Vienen luego
las escenas cruentas: Un cristal
que se rompe. Gritos en la escalera.
Alguien que pide un taxi. Una bufanda
empapada de sangre. La negrura
del lobo en una cándida cama del hospital.

No fueron buenos tiempos, quién lo duda.

Pero hoy que, ya de vuelta de esos años,
sano y salvo te sientas junto a mí,
pido café y charlamos tan a gusto,
e incluso nos reímos al pensar
en los viejos errores, yo quisiera
saber más, comprenderlo.

Preguntarte (quizá porque es preciso
saber que hubo una justificación
para tanto dolor) qué te tentaba
del lado oscuro, si valió la pena
y si aprendiste algo. O si fue sólo
una forma egoísta de salvarte,
o un ajuste de cuentas con la vida
y el ensayo de otra vida imposible.

O simplemente eras como un niño
rompiendo en mil pedazos el espejo,
dando cuerda al reloj de tal manera
que aún le dicen dormido,
sin escuela, y se ríen.

RETIRO SENTIMENTAL

En mi familia no se dijo nunca «te quiero».
Jamás oí decir «lo siento» a mi padre o a mi madre.
No sé si era vergüenza: una ternura demasiado
    estridente para enser cotidiano.
¡Incluso leer poemas! Eso sí que era algo sospechoso,
tanto como una mancha repentina, o un suspiro, o una
    puerta cerrada con demasiada llave.
Nunca «amor», «estoy triste» o «te echaré de menos»,
    ¡podía uno reírse de esas cosas!
Entiendo que hay un pacto tácito de pudor en algunos
    afectos, y no obstante
yo hoy llamo a eso la incomodidad con todo lo
    cercano.

La amputación de lo sentimental, estoy de acuerdo, nos
    hace manejables los rituales difíciles de convivir;
    una pequeña argucia.
Así el templo: las fórmulas, nada de desgarrarse.

En el templo, en la casa, como en un hospital, es
   necesaria la asepsia de los gestos repetidos, seguros:
Procura ser feliz de una forma privada.

Y, como añadidura, está el saqueo
de palabras por parte de películas y canciones idiotas y
   esas niñas con novios revoltosos en un parque, entre
   arbustos enanos.

Y hay a quien gustan mucho las escenas
y tocar la guitarra sentimental de todos los salones y de
   todas las playas adolescentes, lánguidas igual que un
   veraneo despacioso,
mientras algunos más nos quedamos a solas,
bebiendo (y arrugados como estúpidos plátanos),
pensando qué decir.

En mi casa jamás se dijeron en alto las cosas
   importantes.
Busca hoy dentro de ti una lágrima, un gesto de ternura:
Ya se nos hizo tarde para esas tonterías.

PALABRAS DE CAÍN ADOLESCENTE

> «Yavé se complació en Abel y su ofrenda, mientras que le desagradó Caín y la suya. Caín entonces se encolerizó y su rostro se descompuso. Yavé le dijo: ¿Por qué te encolerizas y te muestras malhumorado?».
>
> GÉN 4, 4-6

Me he pasado la vida malgastando el cariño en personas
    que nunca me quisieron.
Yo sólo deseaba ser del grupo.

Tratado como un corruptor de sueños,
mantenido a distancia de niños y mascotas, como a
    quien por extraño no se recibe en casa,
he tenido que oír ya demasiadas veces que soy un
    impostor.

Tarde para los besos, para estrechar las manos,
tarde para las lágrimas y el arrepentimiento,
tarde para cualquier palabra.
                            Tarde:
por lo visto yo siempre llego tarde.

Y de noche, en la casa en donde todos duermen,
mientras fumo asomado a la ventana,
o en la mañana sórdida de cafés y cristales empañados, a
    solas con el mundo,
o en la blancura estéril de una página,
he comprendido –tarde– que es inútil querer ser otra cosa
    que el fantasma embustero que habéis hecho de mí,
un no-muerto cortado a la medida de todo lo que nunca
    quise ser,
alguien a quien sin duda me parezco, como un hombre a
    su máscara:
el hipócrita, el sucio y el que no es de fiar,
a un paso del ridículo (el cantante de moda o el bachiller
    con granos),
a un paso del horror (el buen chico que sale en los sucesos).

Soy el que traicionó tus confidencias.
El que maltrató al tonto de la clase.
El que lo enredó todo cuando los dos amigos disputaban
    la misma chica idiota.
El que habló mal de ti cuando no estabas y trató de
    poner en contra tuya al grupo.
El que usó del chantaje
sentimental (es fácil entre amigos)

para ahuyentar del grupo a los extraños,
vuestros otros amigos, que eran más ocurrentes, más
    experimentados y, qué pena,
más incautos.
El que juró y juró, «podéis creerme…» y «no sabía…», y sí
sabía y consiguió que le creyeran.

Soy el que habló al oído de una chica asustada y –aún
    me acuerdo–
le imaginó un futuro más honorable, una salida digna,
    «hazlo, mujer»,
y durante un momento era todo posible, matar con una
    frase, aquel horror…

Mi máscara lo ha dicho, que soy ese:
agazapado, sórdido,
al que puedes tumbar con un buen puñetazo y zumba
    en torno tuyo,
pero nadie es al fin tan peligroso –piensas– cuando
    puedes tumbarlo con un buen puñetazo,
y luego es tarde, mira, ya te tengo.
Todos llegamos tarde alguna vez.

¿Y nada más? ¿Acaso os preguntasteis un instante qué
   oculta la máscara de un monstruo?
Me acuerdo de esa infancia interminable,
a caballo en la rama más valiente del árbol de los
   juegos.
Eso era algo; no
el paraíso exactamente, pero
—ternura pronta, cándido heroísmo y la avidez legítima
   del cachorro intocado—
allí existía el orden. Y es curioso
que a la luz de una infancia ideal los enemigos sean
   menos enemigos.
También ellos tuvieron ese miedo indefenso que redime
y una conmovedora propensión al llanto.

¿Sabéis quién soy a solas? El que escucha
canciones tristes.

He soñado a menudo redimir mi egoísmo con un
   gesto, dar mi vida
a cambio de otra vida,
ser el súbito héroe que muere en el incendio.

Pensad en mí lejano, la cabeza inclinada.
Toda esa gente afuera, tanto frío, las calles se bifurcan y el
    camino que lleva a la casa segura no se termina nunca.

Yo he pensado en la muerte y a menudo he ensayado una
    muerte inofensiva, de poca sangre y mucho, mucho
    miedo,
sólo para ahuyentar de mí todo el ridículo y el asco de mí
    mismo,
cuchilla en las muñecas, quemadura en los brazos para
    seguir viviendo,
porque al fin el dolor es la consciencia, es el ruido del
    mundo que a tu alrededor chilla y te agita los hombros.

Te aferras a esa vida con desesperación y, sin embargo,
eres adolescente: nunca sabes qué hacer ni qué decir,
    dónde poner las manos y los ojos.
Tu cuerpo ya es grotesco y esas chicas se ríen. No te
    gusta tu cara.
Estás enamorado. Más allá de las fórmulas, los libros te
    insinúan una vida más fácil en cualquier otra parte.
Los libros te consuelan en todo lo esencial.

Y tú en tu jaula estéril te revuelves, inútil, sudoroso,
    como en la noche insomne cuando el calor te ahoga.
Dando palos de ciego. La novia de tu amigo. Matarías
    con gusto cualquier signo de amor.
Usa de ese poder, usa los libros,
porque luego el perdón de Dios es una fórmula
y tú eres el no-muerto que debe defenderse, el
    hipócrita, el sucio y el corruptor de sueños.

Dolorosa esta edad en que siempre estás solo
y a tu alrededor nace
la flor limpia de un mundo que nunca es para ti.

AMIGOS

«Sólo la amistad es un hecho consumado».

SULLY PRUDHOMME

Nos vemos a menudo. Cenamos mucho juntos.

A veces, a la hora peor, cogiendo el taxi,
los miro como a extraños. Despedirse
y sonreírnos tanto son muecas del alcohol. *¿Quiénes son estos?*

O a la vuelta del viaje —se ha pasado muy bien—,
súbitamente singularizados
por el próximo lunes de estupor y tareas sin amigos,
mientras se da por hecho la siguiente
y yo siento ese vértigo de volver a ser yo tras un nosotros
demasiado compacto y comprensible.

Hemos hablado tanto… No me acuerdo de nada.

Eh, vayamos por partes. Si recuerdo
con un pequeño esfuerzo, copa en mano,
al que dice en plural de pareja la frase

de moda entre nosotros: *Os queremos,*
aún se puede salvar la noche de parejas sin hijos que se quieren
unas a otras, cenan civilizadamente
y toman copas juntas.

Es curioso:
los amigos que tengo ya tengo que salvarlos
con arduos subterfugios de la benevolencia.

A ver. Tiempos de crisis: alguien te da la mano
con un pequeño alivio, dos mil duros.

Confidencias: nos dimos la ocasión unos a otros
de parecer a un tiempo complicados
y vulnerables. Se puede querer mucho
e inteligentemente a alguien así.

Qué más. Las vacaciones: nos bañamos desnudos y era
    rabiosamente
bello y salvaje.
Una hermosa victoria —pero no muy secreta
    (imprescindible)—
sobre los bebedores de café.

Como follamos todos, es un placer el préstamo de
   cuartos, sin preguntas:
connivencia de iguales. No cambiamos las sábanas.

Canciones boquiabiertas en fotos sonrientes,
esa mirada de padecer-con cuando algún problema,
postales —*os queremos*— y postales,
diminutivos cómplices, etcétera y etcétera.

Pues la verdad:
nos vamos a morir de amor de amigos.

Pero entonces, ¿por qué tanta extrañeza
y el vértigo inquietante de no saber a quién, por qué,
   qué tanto, al despedirnos?

Será que amar es eso, que nos quieran
—susurra el generoso corazón—
después de los mil duros y bañarse y las fotos y demás,
como una consecuencia: todo es lógico.

Y quizá es que me asustan innecesariamente
las cosas que entendemos con esa claridad rotunda de
   que dos y dos sean cuatro

en un mundo tan cómodo, tan fácil
como pasarlo bien con los amigos en una noche ociosa
 y solidaria.
Desprevenidos, tontos
de puro no saber ni preguntarse,
con la intoxicación amable de quererse sin culpas, no
 temiendo
que el día menos pensado nos estalle en las manos el
 engaño aritmético de la felicidad.

El hecho consumado no precisa razones.

Sin embargo, lo siento, esto es muy raro
y yo aún no sé qué coño pintamos todos juntos.

LO QUE DIJO JUDAS ESA NOCHE

«Los discípulos se miraban unos a
otros, pues no sabían de quién hablaba».

JN 13, 22

LARGAMENTE adiestrados en la sospecha, y hartos
de mentirnos los unos a los otros,
canallas que sonríen
mientras sorben sus whiskys.

Tiempo de contrición: nos hemos hecho daño.

Y hoy, si intento mirarnos como quien desde fuera
alcanza a ver el centro de las cosas,
veo monstruos perfectos: moscas contra un cristal.

Y sin embargo,
hubo un tiempo de rosas salvajes en el mundo
que habitamos a solas como amantes plurales,
y era buena esa mano distraída en un hombro,
beber del mismo vaso en lentas ceremonias de saliva,
desnudos de verdad
contra el cielo borracho de una noche inventada.

La noche es el salón que llenamos de humo casi a
    oscuras.
Tengo miedo a la noche que nos quita lo poco que aún
    nos queda:
esas rosas, las manos sobre el hombre.

Amigos tantas veces traicionados:
después de las mentiras, perdonémonos
aún, mientras hay tiempo.
En el fondo seguimos siendo aquellos amantes.
Luego, si la verdad sólo nos hace daño,
volvamos a mentirnos, pero esta vez en serio.

Refugiémonos juntos en una gran mentira redentora:
la cascada salvaje donde nadar desnudos,
las copas de cristal,
cabezas reposando sobre pechos tranquilos.

Ah, no quiero, no quiero
que muera lo que acaso dura un día,
su huella inolvidable frente al humo disperso de este bar.

Porque la noche, el humo, nos asfixian;
somos agua de hielo sin sabor,

bultos entre la niebla. Nos estamos muriendo
y qué poco os importa.

Se hace tarde. Pensad en esa música
silbada entre dos luces, cuando sonríe el agua
y los cuerpos están en paz consigo.
Juguetes de calor, islas agradecidas.

¿Preferís la verdad de un destino automático?

Adiós, mis traicionados amigos. Mucho tiempo
amé vuestras facciones que ya otra luz afea y enrarece.

Va a amanecer el día sobre las flores secas.

Clausuremos el mundo con un beso.

DER, DIE, DAS

(Escuela Oficial de Idiomas)

Tu torpe *Ich komme aus* salva la tarde
de un día atroz. Pronuncias
encantadoramente
mal todas las palabras. Te has dejado
el libro en casa y yo te lo agradezco
sin decir nada. Llueve
tras el cristal oscuro que duplica
nuestras cabezas juntas sobre el único libro. Soy feliz
y durante un instante son felices
la vida, los idiomas y las clases nocturnas,
la lluvia, las ventanas, los inviernos.

Mas ¿qué será de mí mañana? Sigue
salvándome. No te marches a casa.
Durmamos en la Escuela. Yo te enseño
a pronunciar *Ich heiße* y *noch einmal.*

De repente, una noche, nada importa.
Los gestos son los mismos tiernos gestos de siempre
y podemos jurarnos lo que quieras.

Pon tus ojos en mí, mira mis manos.
Repetiremos juntos un curso y luego otro.
Si es verdad que los hombres se mueren de sí mismos
yo no me moriré. Tú no te mueras.

Vamos a recorrer estos pasillos.
Nunca me dejes solo. No te vayas
a casa cuando el timbre suene y suene…

HISTORIA DE G.

«Déjate enseñar, déjate mandar, déjate suje-
tar y despreciar y serás perfecta».
S. JUAN DE LA CRUZ, *Dichos de Luz y Amor*

«EL amor es un miedo: una moneda,
un bien de cambio», susurraba su voz
de borracho creíble, y sonriendo
añadía: «Cualquier amante es sólo
un chantajista».

Y en las noches aquellas, como extraños libertos,
dejábamos atrás mi trabajo y sus libros
para beber, beber.
                              Hicimos el amor
en calles y portales.
Cuando hablábamos,
hablábamos los dos a cuchilladas.

De él sé decir que era un producto típico
de su ciudad y de sus años: frío
y gregario. Su raza:
jóvenes ilustrados y poetas,

cansados de un dinero que no tienen
y su seguridad. Yo estaba sola,
iba de paso. «Una bala perdida» –sus palabras–.
Él ya se castigaba –su costumbre–
haciendo daño a todos.

Tenía que dar con él.

Me dijo que las chicas como yo
tenemos el valor de una experiencia,
somos útiles. «Tú eres muy consciente
de estar representando el papel que te toca.
Pudiste estar con otro, ¿no es así?
Si eres lista puedes aprender algo,
pero recuerda siempre que yo te necesito».

¿Soy injusta? También me quiso mucho,
a su modo. Perdonó mis mentiras,
y no era culpa suya no saber del amor
sino lo que le habían enseñado
en su impreciso mundo de estrategias
y de fáciles gestos.
                    Admiraba
esa capacidad para encajarlo todo

que era mi mejor don:
el estar disponible.
Y me daba su tiempo a manos llenas.

Hoy sé perfectamente que me usó
para sembrar recelos en su grupo.
Yo le he visto humillar a alguien que le quería,
ignorarle y marcharse conmigo, y disfrutarlo.
O exhibirme como a una vaca sana
en su circo de locas, sin recato, triunfante.

                               Me empujó
deliberadamente en otros brazos; eso fue el pretexto
para nuevas heridas, «Ya sabes lo que eres».

Cuando supe dejarle,
tuvo el talento –y la complicidad de sus amigos–
para hacer de mí la única culpable.
«Nos ha engañado a todos» (y en eso puede ser
que llevara razón).

A menudo estoy sola y pienso en él,
ya sin rencor, pero escucho de nuevo
esa voz en mi oído, amable, lenta:
«Es que te he moldeado. Tú ¿quién eres?

Un apellido y un trabajo triste
y unos padres lejanos. Sin talento
ni belleza, no eres inteligente.
No tienes perspectivas, bobita, pasarás
de un amante a otro amante. Como mucho,
eres la novedad, un cuerpo nuevo.
Yo te he querido siempre. Quédate.
Imagina que ahora te murieses:
el recuerdo romántico, tan frágil, de esos tontos
y quizá un mal poema –*Aquella chica…*–,
y nada más. Te quiero, no te marches,
qué voy a hacer sin ti, vuelve conmigo…».

Si alguna vez hemos sido inocentes
como mascotas, puros
igual que las manzanas,
nosotros hemos visto pudrirse las manzanas.

IVÁN Y ARANCHA EN PRAGA

Si en la cena se hablaba de la noche
me apuntaba a los planes en que estuvieran ellos:
saberlos entre el grupo
era la vida en orden de una forma inconsciente.
Sus besos adornaban el verano.

Juró que los amé sin yo quererlo,
que no escogí el dolor ni la codicia
ni preguntarme cómo se querrían a solas
o qué significaba yo en sus vidas.

Hay una habitación en un lugar de Praga,
allí se oye un tranvía
y música que llega de los albergues próximos.
Yo pasé tantas horas fumando en ese cuarto,
luego ¿a quién le interesan las vidas de los otros?

Pero a veces,
cuando el grupo importaba y el alcohol era bueno,
se podía querer sin ser culpables,
pues tras cada cerveza sonreía
un confidente.
                    ¡Inmensas,
fugaces amistades en los viajes de jóvenes!:
el amor es la copa que va de mano en mano.

Y ella, te acariciaban
sus ojos indefensos; junto al lago
tuve la quemadura de su brazo en los hombros
y un susurro de arbustos. En él todo
era la adolescencia y esa voz
salvaje como un fruto o sudar o una isla.

¿Me entendéis? Los amaba
en el deseo inútil
de haber querido ser cualquiera de los dos
en vez de ser yo mismo: ese que mira
como un tonto los rostros, las ventanas,
ese extraño en el reino de su secreto mundo.

Vivir es cruzar ciegos ante puertas cerradas;
cansados de nosotros, muy cansados,
nos describe mejor todo lo que no somos,
y amar es rebelarse, ¡qué intento más idiota!

Adiós, adiós, Praga y los autopullmans,
adiós, besos, adiós, Puente de Carlos,
adiós, islas y ríos y cervezas de Pilsen,
adiós a cualquier brindis
y a todos los amantes del mundo, adiós, adiós.

Que yo me voy al sueño
de los libros que nunca leeréis.

A la vuelta, dormidos con las cabezas juntas,
parecían las víctimas de un sangriento holocausto
de risas y jadeos.
                    Si algún día
me olvidase de todo, de eso no.

DON JUAN EN EL JARDÍN

La mitad de las chicas con las que me he acostado eran
    lesbianas.
He querido a mujeres con las que días antes no me
    hubiera atrevido ni a soñar.
No sé, les atraía
mi aspecto de vampiro que bebe la sangre ente sus piernas,
de adolescente enfermo que mira fijamente,
tiene oscuras costumbres y el pulso tembloroso.

Yo no era un gran amante pero eso no importaba.

A menudo,
en mitad de una noche de copas o de hogueras
o en mañanas inmensas en que nadie parece querer irse a
    comer,
he sabido de pronto que los dos a la vez descorremos el
    velo.
Era siempre una amiga

y añadiré que tengo una fe inquebrantable en las
     ventajas de la asiduidad.

(Porque en ojos abiertos como libros
tiene gracia leer también, mientras su mano
cruza el mantel del mundo hacia mi mano).

De cualquier forma, uno no sabe nunca cómo ha
     ocurrido todo,
cuáles son las razones que la animan a ella y eso de la
     ocasión que prosigue al deseo,
y he llegado a mi casa muchas noches oliéndome aún
     incrédulo las manos y los labios.

Pienso en cuartos prestados, mientras enero empaña los
     cristales,
y un lugar junto a un río y un portal de paredes
     desconchadas en Palacio Valdés,
un libro dedicado y una nota furtiva entre los dedos,
los sonetos y el humo de las noches
y la peca estratégica y el adorno del vello en vientres
     blancos, blancos:
escenarios, reliquias que atesoro con la codicia de un
     ladrón de espejos,

diciéndome a mí mismo –y es mentira–
que nunca abarataba todos aquellos besos que en el
    fondo jamás he merecido.

Las mujeres (haciéndonos regalos),
qué extrañas las mujeres.
Incluso si miramos atrás, a donde pacen
como sanos corderos los primeros recuerdos de las niñas.
Olían siempre bien, te gustaban sus juegos con
    canciones y sus cabezas juntas contándose quién
    sabe.

Hay un jardín de niñas en la memoria de todos
    nosotros; simplemente
nosotros no teníamos un maldito jardín sino un patio
    con grava y porterías,
y de ahí ser brutales y levantar las faldas de las chicas
    de 8º y escupir en el suelo mientras las niñas corren.

Luego pasan los años de mal entendimiento y palabras
    difíciles;
las chicas nos enseñan lo que saben
y nosotros creemos que ya hemos ocupado su jardín.

Nos han dejado entrar pero no es nuestro.
Se desnudan delante de nosotros, respiramos su olor
   y dejamos en ellas la alegre convulsión del perro
   amaestrado,
pero volvemos solos a ese patio con grava donde
   nosotros no somos mujeres.

A dos velas, heridos de tener todo y nada.

Y por eso
quisiera ser mujer en alguna otra vida o en un sueño
   posible y aprender el secreto.
No sé por qué se acuestan con los hombres
—se tienen a sí mismas— si después
tan sólo nos instruyen en lo más evidente.

Aunque luego —lo admito— yo mismo me he acostado
   con unos cuantos hombres,
y he recordado siempre lo que aprendí con ellas:
presta mucha atención
a las cosas pequeñas que adornan cualquier cuerpo
e igual que en casa, cómetelo todo.

DE *EL FIN DE SEMANA PERDIDO*

(2009)

MENSAJE A LOS ADOLESCENTES

Esto no debéis intentar repetirlo en casa, niños.

Niños, probad a hacerlo en casa
y sabréis lo que es bueno sin que os lo cuente nadie.
Recordad que no hay nada que vuestros padres puedan
   enseñaros.
Ellos no son vosotros.

Acostaos, bebed.
Hace siglos que están ocurriendo estas cosas
y nadie ha demostrado
que sean mucho peores que una guerra.
Existe un paraíso tras esa línea blanca.

Cuanto hace daño y no hacéis,
niños, lo estáis cambiando por la serenidad.
¿Os han hablado de ella? ¿Sabe alguno a qué sabe?

Si ignoráis quiénes sois evitad el rodeo
de averiguarlo uniéndoos a los demás. Una plaza en el grupo

es un puesto en el mundo;

ahora bien,

niños,

que levante la mano el que quiera morirse siendo útil y sensato.
Tenéis razón: no es nada divertido.

Por lo demás, sé que no sois felices,
a lo mejor pensabais que todo el mundo os odia. Pues es
    cierto,
pero sobran motivos: sois jóvenes y estúpidos
y no tenéis derecho
a todo ese futuro que vais a malgastar (como nosotros).

Entonces, ¿estáis solos? Así es.

Aprended a ser libres, no esquivéis la mentira;
sabréis por experiencia que es más sólida que una verdad
    pactada.

Y sobre todo,
niños,
no creáis
que la vida merece la pena de vivirse
sólo porque lo juren desde siempre los peores cabrones.

ÚLTIMA NOCHE DE LA AMISTAD

«El hundimiento
de aquello en que se creía como lo más de fiar,
y por tanto lo más adecuado para la renuncia».

T. S. ELIOT

MIENTRAS me desmorono,
¿no veis que estoy borracho? Contestadme:
No vales nada, nada. ¿Por qué no lo decís?
No nos has engañado ni un momento, nada hubo en ti
jamás salvable o genuino.
¿Vais a pegarme, entonces? Quiero que me peguéis.
Ya no puedo vivir con el peso de haberos causado tanto
daño.

Pero es sólo el valor que a mí mismo me falta
el que os supongo y es muy poco
lo que al fin nos separa a vosotros y a mí.
Cómo nos quema el tiempo
y qué circunstanciales, sentados todos juntos.
Nadie quiere marcharse, sin embargo.

¿Somos quizá los mismos
que en parejas llegaban a las mejores barras y pedían

buena bebida y eran envidiables?
Dinero en los bolsillos y un viernes por delante,
    después de trabajar.
Quería contar eso en un poema, algo con lo que luego
    seguir alimentándonos
tras tanto, tanto viernes, bien vestidos,
pidiendo en cada barra siempre cosas muy buenas.
De todo eso queda alguna foto.
Deben haber pasado dos mil años.

Llevadme a casa. Nada se guardó para el invierno.

Esta noche
no sois más que el producto de un error y otro error.
Quiero cerrar los ojos y olvidar todo lo que esta noche
me recuerda a vosotros y a mí y a mis poemas.
¿No habéis sentido nunca
esta ansia de otras vidas, de abandonar a un lado,
como una piel gastada, una vida sin honra?

Ya no somos amigos. Doblan las campanillas en los
    pechos ilesos.
No ha valido la pena reír juntos, estrecharse las manos,
    hacernos confidencias, tanto gasto de amor.

Los días junto al río, los banquetes.
Se acabaron las playas, a la vuelta del baño,
desnudos en las rocas, como racimos de agua.
Y las botellas llenas. Largas dedicatorias para esto:
No nos has engañado ni un momento, nada hubo en ti
  jamás salvable o genuino.

Ah, queridos, en estas circunstancias
a vosotros tampoco
os habría quedado otro remedio que ser unos canallas,
aceptar el desprecio como un regalo, una revelación:
los años han pasado inútilmente
y algo se ha roto en un lugar del mundo.

Al fin una certeza: la mentira.

(Y en nuestra propia historia
ya no seremos los protagonistas
ni vosotros ni yo).

HABITACIÓN 341

Oncología

La muerte ha estado haciendo su tarea
en este cuerpo: acostados muy juntos,
él y la muerte,
el olor de los dos invade el cuarto.

Y son signos el timbre, la botella de agua,
el jersey esparcido de la visita, el pomo de la puerta,
de algo impostado, sólo duradero
en esta eternidad real de la agonía.

Decorado casual de cosas prácticas
para una muerte nunca calculada,
como todas las muertes.

(Le recuerdo riendo en una boda,
mucho tiempo antes de esta pasmosa eternidad.
La muerte ya pisaba sobre hojas secas
muy cerca de cualquiera de nosotros.
Pero estaba la música tan alta…).

ORACIÓN DE CAÍN

GRACIAS, odio; gracias, resentimiento;
gracias, envidia:
os debo cuanto soy.
Lo peor de nosotros mantiene el mundo en marcha
y la ira es un don: estamos vivos.

De quien demonios sean las sonrisas,
derrochadas igual que mercancía barata,
yo nunca me he ocupado.
Gracias por no dejarme ser inconstante y dulce
mientras levanta el mundo su obra minuciosa de dolor
y nos hacemos daño unos a otros
amándonos a ciegas,
con torpes manotazos.

Yo soy esa pregunta del insomnio
y su horrible respuesta.
Bésanos en la boca, muchedumbre, y esfúmate,
que estamos siempre solos y no somos felices.

Gracias, angustia; gracias, amargura,
por la memoria y la razón de ser:
no quiero que me quieran al precio de mi vida.

Gracias, señor, por mostrarme el camino.
Gracias, Padre,
por dejar a tu hijo ser Caín.

RIMBAUD

Yo no quiero ser yo. La vida entera
la gasté en reinventarme, como un fénix doméstico.
Me fui sobreviviendo como pude.

Yo no sé quién soy yo. Tal vez la máscara
debajo de la cara. La pregunta.

Yo no pude ser yo. Y el minucioso
trabajo de vivir sin heroismo se quedó para otros.
La verdad es la triste descripción del secreto.
No quise ser verdad. Quiero ser Nadie.

JESÚS-JANO

«¡Ebriedad de sentirse necesario!».
José Luis García Martín

Cada día me pongo mi cara de la gente
y salgo ahí fuera.
                    No es que sea gran cosa
pero yo hago milagros con muy poco.

Las palabras, eso se me da bien.
Es como abrir los brazos y cantar, como si
de repente supiera los secretos de todos.

Era esa voz. ¿Fuiste Tú quien lo hizo? Ya es demasiado
     tarde:
cuando quise mirarme con sus ojos me gustó lo que vi:
alguien con quien te irías al mismísimo infierno.
Yo el que toca las frentes, quien extiende las manos.
Es esa enloquecida canción, y bailo, bailo,
riendo a gritos, empapado del mundo.
Soy el pájaro indómito del mundo.

Pero luego es de noche. Pasan los basureros
y de nuevo estoy solo, con su música hidráulica.
No recuerdo el secreto. ¿Cuál era la pregunta?
He visto en el espejo una cara de nadie.

Cada noche susurro esta oración:
permíteme, Señor,
volver a no ser yo otra vez mañana.

CAÍN LEYENDO

«Mon semblable, mon frère».

BAUDELAIRE

EN mi tarde más negra quiero tocar el cielo.
Sentado en lo más hondo
del autobús, y el libro entre las uñas,
creo que voy a saltarme mi parada.
¡Adiós, vertiginosa jornada laboral; adiós, salario;
adiós a mi Macintosh, que ronronea y piensa por su
   cuenta!
Leo como leía cuando era adolescente:
moriría de versos.

Escucha tú, de quien sólo sé el nombre
pero has de ser un tipo poco recomendable —como
   todos nosotros—,
que devuelve los golpes con precisión de fiera
y sabe un par de cosas que todos sospechábamos.
Dime que hasta la última palabra
todo es verdad, verdad,
o dame una señal para olvidarme el libro en el asiento.

En esta negra tarde se busca una certeza
y cruzo la ciudad como un feto motoro,
respirando en el libro.
No vayas a decirme que el mundo está ahí afuera.
No es más real que este terrible soplo al corazón.

¿Nos hemos olvidado de escribir,
idiotas instruidos mientras ella se va dando un portazo?
Entonces hasta el más sórdido adolescente
debería escupirnos su desprecio en la cara.
Sea Dios el libro mientras nos susurra
su espantosa verdad. Y la reseña
no vale ni el talón que la ha pagado.

Te doy mi libertad, Caín, eres la sombra
que vigila la luz de mi ventana.
Yo te he dado las llaves y ahora asústame.
Eras el preferido de mi Padre, jamás te perdoné, el
    mejor de nosotros.
Tú y yo somos el mismo, sólo eso sé decir.

Y que todo el dolor y la alegría y la furia
son verdad, son verdad,
porque si no soy yo quien está muerto y tú estás muerto

y en esta gran mentira de los poemas arderemos todos
hasta que cada libro no sea más que ceniza.

ENTREVISTA CON EL GOLEM

¿Razón de ser? No lo he pensado mucho.
Ha de haber algo más que estas tareas
mecánicas: la casa
la hago en un plis-plás.
Los poemas, tal vez. Se me desprenden
como costras de barro.
Por algo tengo siempre la palabra en la boca,
pero no estoy seguro de ser culpable de ellos.
Hay una voz. El alma es un asunto
sobre el que no nos hemos puesto de acuerdo aún.

Infancia… Siempre digo que la tuve,
contra toda evidencia.
Me acuerdo de un cachorro junto a un estanque.
Lo tenía en las manos, hacía sol y las hojas
olían como libros. No sé qué pasó luego.
El agua estaba pálida.

No, no estoy triste, siga.

Ah, eso... Me resulta muy penoso.
Uno desea dar amor y no mide sus fuerzas.
De pronto te despiertas y oyes llorar y te miras las
  manos
y después huyes, huyes.
Todos nos refugiamos en los otros, como alegres
  tumores,
estirando los brazos, rompiendo cosas,
esperando el castigo.

¡Qué pregunta! Nunca he matado a nadie.
Pero calle. Esas voces, los poemas... No quiero
  escuchar más.
Tal vez un día
alguien se atreverá a quitarme la máscara, a taparme la
  boca,
y habré de rendir cuentas pero
ya nunca volveré a estar tan cansado.

¿Que le doy miedo? Bueno.
Esa es mi obligación.

AMENAZANDO CON HACERLO

TAN lejos que ahora mismo puedes estar muriéndote
sin que lo sepa nadie.
¡Ni Supermán podría hacer nada por ti!
Bajo tu exoesqueleto
se desata la fuerza más tenaz de la tierra.

La letal mariposa en la que vas a convertirte se te
parece un poco.
Has alcanzado un estado de gracia: decidir.
Y el resto de nosotros te veremos marchar, con esa
levedad inaprehensible, nueva, que deja pensativo a
todo el mundo.

Tú, pequeña hijaputa, debes ser muy feliz
compartiendo tu muerte con nosotros.
Gracias por tu regalo: recoger los pedazos y comer de
tu cuerpo y beber de tu sangre, en una alianza

nueva y eterna. Para redimir
el gran pecado de sobrevivirte no basta una vida.

Si ibas a derramar
tu sangre por nosotros, no lo hagas.
Tu noche de venenos huele a flores carnívoras.
Asesina de masas. Estoy harto. No lloraré por ti.

TALIDOMIDA

A mi extraña manera, soy una forma exacta:
resulto inconfundible.
La versión mejorada del común de los hombres,
cansados de agitar sus manos en el aire
como necios seudópodos; la horrible
herida de sus dos ojos simétricos.
Su integridad de miembros es obscena.

No soy un monstruo: yo no tengo de eso.
Me aplaudiría si supiese cómo.

Singular, sin amigos,
no doy conversación, discuto pocas veces.
Del mundo tengo cuanto pudiera desear: una ventana.
Así es más comprensible: cada día
sucede a otro y punto.

¿Me deben algo? Puede.
Incluso para mí debe haber un motivo
que me explique. Mejor no hacer preguntas. Lo peor
es que me sobra tiempo para pensar, pensar.
Tras mi cáscara insólita crecen flores muy raras.

Los espejos me quieren.
Yo floto en su luz blanca como en un lecho amniótico.
Sólo quiero morir.

Mi vida es como un fin de semana perdido.

WAKEFIELD

¿Estás ahí? La casa te ha expulsado
de nosotros, igual que un estornudo.
Si cruzara la puerta ¿dónde te encontraría?
A lo mejor estás en el jardín,
sonando como el agua. Si cerrara los ojos
¿sabré escuchar lo que no ven los ojos?
El roce del vestido, el corazón latiendo,
la intemperie.

Estás pero no estás.
Eres la parte más densa del aire cuando se hace de noche
y muevo en ti los brazos para no dar contigo,
cáscara de la casa.
                    Las ventanas
no conocen tu busto, y llueve, llueve.

La soledad es eso:
el hilo de la araña que va estrechando el mundo.

La puerta está cerrada como un féretro
y la luz encendida.

NOVA

De pronto ha anochecido sobre el mundo y tú estarás sola, preguntándote a dónde se han ido todos.

Parece que ha pasado un instante, o tal vez medio año. La casa estaba llena de gente que charlaba y en medio estabas tú, cegadora e intensa: una nova.

Ahora te recuerdo como si dieras vueltas y más vueltas, faro de cualquier barco. Ocupabas el centro mismo del universo.

O quizá no. Es tan sólo la música y ese estar tú y yo juntos del modo que sabemos. Te dije que el amor sería para siempre. Te mentí.

Pero entonces llenabas todas las copas, lo mismo que llenabas el mundo con tu risa. Me rozabas el hombro levemente al pasar: no podría ignorarte aunque quisiera.

¿Dónde están todos esos invitados? Si coges el teléfono ¿cuántos contestarían?

Tu soledad es un gran agujero negro. El mundo gira y tú no estás en él. Piensa en todos los días que han sido sobre el mundo y en sus noches de espanto.

Y ojalá hubieras sido capaz de detener el transcurso del tiempo, retenernos a todos en un sueño de eones, mientras seguías tú llenando copas, sonriendo y brillando de luz blanca. Pero esta noche a solas ya estaba escrita. Pequeña nova. Niña. Faro de nadie.

Que el dolor nos redima a todos juntos, en esta soledad que ninguno podemos compartir. Y que no sufras. Que tengas buenos sueños.

Acuéstate y olvida.
Yo también.

ABRIGO AZUL

Hace un frío de muerte, un frío triste
incluso para enero y para estar tan solo.
Y yo soy poco menos que una persona hundida
en las solapas de mi americana,
un ser raro del frío que gasta americana, un
    sospechoso,
alguien que bien podría enseñar una placa o un cuchillo.

Y ahora me acuerdo de mi abrigo azul
de pelo de camello,
el mejor que he tenido. Tú me lo regalaste.
Recuerdo que llegaste con él a la oficina y allí mismo
me lo probé. Mis compañeros
se reían y a mí me daba igual.
Era un señor abrigo, lo escogiste
a ojo de buen cubero: me caía perfecto.
Se podía plantar cara al invierno con un abrigo así.

Pero ahora no lo llevo y mira que hace frío en estas calles
de todos los demonios. El abrigo
estará a mil kilómetros, cálido para nadie, piel gastada.
Tú y yo estamos también a mil kilómetros
o a cien mil años luz, igual que dos cometas, y si nos
     encontráramos
sólo cabría un choque: un cataclismo.

Mi querida enemiga: finalmente
ocurrió lo que entonces, cuando venías con tu bolsa y
     en la bolsa el abrigo
y yo me lo probaba en la oficina
como se viste un príncipe en el día de su coronación,
ha ocurrido lo que era en aquel tiempo la peor de
     nuestras pesadillas: no estar juntos.
Y me pregunto cuándo, en qué momento, a lo largo de
     eones que han pasado, desde que el mundo era
una gran primavera reluciente,
empezaron las cosas a ir tan mal,
tan rematadamente mal,
y a hacer tanto, tanto frío.

Y supongo que tú
también tendrás noches a la intemperie

—como esta misma— en las que haces recuento de
    errores y fracasos, y no sé
qué clase de calor será el que eches de menos.
Seguro que yo hice algo por ti,
pero no lo recuerdo, algo inocente o práctico, o
    generoso o noble,
que compensa todos esos errores
y a ti te reconforta en las peores noches
y a mí me salva.

Mi abrigo azul de pelo de camello.
En mi vida he tenido
un abrigo tan puñeteramente bueno como aquel.

EL AUSENTE

Que de dicha unión no ha habido descendencia...

Ni tan siquiera hicisteis un intento.
Desde aquí se oían voces,
vasos chocando, gente que lo pasaba bien. Supongo
que estabais ocupados.
¿Y a quién le pediré cuentas ahora?

Me he ido difuminando poco a poco.
Soy la carta dejada para luego, nunca escrita,
y ahora las palabras que yo era
no se dirán jamás: soy un secreto a salvo.

¿Era feo o bonito?

A lo mejor os hubiera hecho bien
escuchar esta voz: un dios de leche,
una pequeña cosa que se expande, la luz agradecida
de una bombilla sola.
Desnudo al sol: lo mejor de vosotros.

Una pestaña desprendida pesa más que yo,
y de vosotros, bueno, tampoco queda mucho.

Cuando penséis en mí,
yo que era necesario y era lógico,
que no os dé pena:
soy la flor descarnada de la talidomida,
un hueso a la intemperie.

A mí no me buscasteis y a vosotros
ya no hay quien os encuentre.
Más o menos lo mismo.

ALUMNAS DE UNA ESCUELA
DE PELUQUERÍA

QUISIERA saber todo de sus vidas.

No del novio con moto.
No de la madre débil y el hermano que estudia.

De breves pies descalzos sobre la arena fría del sintasol.
De sombras en un cuarto.
Del verano del mundo.

Quisiera verlo todo, mientras crecen las plantas,
    invisibles e inútiles.
En tu casa hubo noches de fumar a escondidas
y la vida era poco para quien está sola.

Ver el desnudo práctico que nadie contempló,
casual como el volumen de la gente en la calle.

Y también el desnudo minucioso
mientras soy el que finges que te mira cuando no te das cuenta
y sientes que se muere de tu propio deseo.

(Sabes poco de libros pero eso sí lo sabes).

Quiero estar en las tardes y en las playas
y escuchar las canciones que alguien silba entre dientes.
Viviría escondido entre la ropa,
con los ojos abiertos. ¿Quién llora en el pasillo? Se ha
    apagado la luz.
La sombra de Papá se hace más y más grande.

Yo sí recordaría qué dijiste en la fiesta,
borracha como un piojo, pero luego
adornaría el mundo tal como a ti te gusta, con secretos,
    canciones
y esa solemnidad conmovedora
de los adolescentes cada vez que están solos.

Nunca te tocaría. Tú no sabrás que existo.
Furtivo en el unánime transcurrir de las cosas,
yo seré el que sonríe mientras lo tienes todo
y tu único testigo cuando ya no seas nada.

CANCIÓN PARA VELAR
A UNA CHICA BORRACHA

En ese nuevo mundo estás tan sola
que no tienes a nadie más que a mí.
¿Llega mi voz a donde estás ahora,
la música de algo que estaba por venir?

Te queda bien dormir,
lisa, sin ironía,
y tu papel social se deshace en el sueño.
Nunca será de día.

Cuántas cosas podría decirte y tú mañana
no recordarás nada, nada.
Incluso si te beso
el pelo impunemente.
Dormida ya no es un error quererte.

Eres hermosa: sucia y vulnerable.
No sabrás nunca cuánto te he querido
sin tocarte.

CUATRO

«Haz el amor con todo lo que sabes».

JAIME SABINES

ESTA noche los cuatro
nos damos libremente, como obsequios.
Ya no somos parejas y formamos
un círculo perfecto.

Un placer sin palabras,
algo así como un juego de calor,
mas con las mismas mañas
del amor entre dos.

Y el latido de manos y de bocas
con su idioma de sed:
en cada piel absorta que se posan
tocan un corazón bajo la piel.

Sobre este cuarto ha descendido el mundo,
la luz intacta de la vida breve
envolviéndonos juntos
mientras la noche afuera dura y llueve.

No volveré a estar solo.
Después de haber amado así, la muerte
no me tendrá del todo.

BORRADOR DE UN POEMA INACABADO

Pues trata de él y ella,
en la buhardilla como dos secretos,
y cuenta los secretos.

Cómo él hunde la boca entre las piernas de ella
y ella aferra su sexo igual que el último
clavo ardiendo del mundo, y ambos se están bebiendo
con una sed que desconoce el agua.
Y así durante horas,
en una asordinada pelea de animales: brutalmente.

Cuando follan así
Dios debe sonreirse con orgullo.

Luego él baja despacio la escalera.
Sale al jardín. Lleva en el cuerpo todos los olores de ella.

Pongamos que es un tipo
que gusta confundirse con los símbolos. Siente
que la trae consigo, como su propio olor.
Es una vela desplegada, nadie.

Pero ella sigue arriba. Se ha dormido,
mojada como un pez, con la simpleza
de cuanto no precisa explicación:
desnuda, es la verdad redonda, incontestable.

Es ahí en realidad donde empieza el poema:
en el cuerpo desnudo de ella que él ha dejado hace sólo
    un momento.

Y ese era el secreto: la franqueza
de un cuerpo cuyo único atributo son sus jugos y olores
y su belleza una prueba obstinada
de algo que no entendemos
pero hace sonreir al mismo Dios.

También los animales se ignoran a sí mismos
y oscila el mar de un continente a otro, eternamente.

La tarde va acabando, y el poema.
Él siente frío y sube a despertarla. En la buhardilla
hay un secreto que no está en los libros.

Gira, abrumado, el pomo de la puerta.
A media luz, él espía el secreto.

RAQUEL

Raquel, ¿qué te ha pasado
por la cabeza? Puede
que una de esas canciones de niños, tralará,
o quizá algo que no dijiste a tiempo
y que ahora no recuerdas.
Cosas que ponen triste. La tristeza,
la Puta,
se te ha prendido en las mejillas
como una araña.

Yo prefiero pensar en ti bailando,
en mi casa, no hace mucho de eso, y te aseguro
que tu sonrisa era la más bonita de la tierra.
Parecías un vaso o una fruta
hacia los que se alarga lentamente la mano:
algo para aprenderse de memoria.
Y sin embargo aquel no era tu sitio, ahora lo sé,
en esa desdichada felicidad de quienes lo dan todo
    y nunca hacen preguntas.

Raquel, eras un ángel que follaba y bailaba y bebía
     cerveza,
pero los hombres nunca
te han tratado muy bien.

Lámete esas heridas, nenita, cógeme el teléfono.
El veneno del mundo te ha mojado los labios.
Sé sencilla.
Todos los hombres te desean pero
qué flores tan extrañas, ¿no es verdad?

Tú y yo sabemos tres o cuatro cosas
que dan para vivir
y nunca cometimos el error de acostarnos.
Raquel, quédate quieta entre las flores
e intenta ser feliz. Lo que hacen todos.

JUDITH EN ESTERRI

Ahí no se ve el mar, no chillan las gaviotas.
Pero qué haces ahí, esa tarde de sol,
hace ya tanto tiempo que ni me acuerdo,
intocable en el tiempo.
La tierra tiraba de ti como del cordón de una cortina
pero soplaba un poco de brisa y eso era,
a falta de otra cosa,
lo que entendías por felicidad.
La casa familiar, con todas sus promesas incumplidas,
y la astucia del río.
La música te hacía tanto daño que parecías tonta.
    ¡Todas esas canciones!
Y este era mi consejo: que te fueras.

Ahora ya estás de vuelta. Es la vida real con sus
    trampas distintas.
Pero ni tú ni yo aprendemos:
que aún creamos en esos paraísos mortíferos

nos matará algún día.

                        Mientras tanto,
dejamos que las lentas, meticulosas cartas
pongan orden al mundo por nosotros.

Las cartas, los recuentos de pecados,
la música mecánica de las cartas apenas encubriendo
el miedo de que esto —este cansancio un día y otro día—
    sea todo.
Hemos estado respirando en las cartas durante al
    menos cinco años.
Las palabras y luego más palabras.
Y a menudo me asusta pensar que hayamos puesto más
    de la cuenta en ellas, como espejos
en los que uno se mira y se vuelve a mirar
para al fin encontrarse con el rostro de un auténtico
    extraño.

Así te deja el tiempo: intocada, en ti misma,
en un lugar sin mar en el que yo no he estado nunca.
No sabría decir si te conozco.

Pero en este poema voy a salvarnos a los dos. Escucha:
tú y yo nunca nos hemos hecho daño

y eso es algo que no pueden decir muchos amantes.
Añadiré los besos que no hay que lamentar;
las mañanas desnudos en la playa, sin vehemencia,
    desmenuzando el juguete del mundo en trocitos
    pequeños;
las ausencias y cómo te he atraído hasta mi casa tirando
    suavemente de un cordón invisible,
como quienes se buscan y —milagro— se encuentran;
las botellas de vino y su fragor amable, la renuncia a ir
    más lejos, el deseo,
que no nos falte nunca la piña del deseo.

Por lo demás, nos hemos querido bien.

De noche, mientras te escribo, me parece oírte llorar.

Calla, ya no estás sola.
Me acabo de poner una de tus canciones
y ya no podrás serme nunca más una extraña.

ALICIA YA NO VIVE AQUÍ

Se busca a Alicia. Descripción:
pequeño cuerpo, tetas como niños dormidos.
En su culo anidaba nuestra felicidad
y en su cabeza todos los errores.

Se la busca. Yo no sé qué es más cruel:
si sus ojos cerrados en la gran madrugada de canciones,
si su regazo, pulpa democrática sobre la que jadean
—arf arf— perros y viejos.

Dulce Alicia: menuda cabraloca.
Pero yo la he querido, oídme, y ella a mí un poco
    menos.
Me llevaba cogido de la polla por el pasillo, igual
que una nanny perversa a un niño lujurioso,
y yo feliz, feliz.

La sucia colegiala ha arrojado los libros

y ha salido corriendo. ¡Dios, cómo corría!
Lo que es por mí no la atraparán nunca.

Alicia, en ti he dejado mis huellas dactilares:
¡ponedme las esposas! El guardián
se ha vuelto loco y ella ríe, ríe.
A tu salud cualquiera se emborracha lo menos una vez,
y eso que no eres buena, y qué más da.

Se busca a Alicia. Descripción:
la curva de su espalda un cristal empañado,
piernas que tienen maña para oprimir el mundo así y así.
Su precio, lo que lleves
en los bolsillos.

MALABARISTAS

«Si sólo se perdiera la cabeza,
enamorarse no sería trágico».

ALEJANDRA SIRVENT

Tras los abrazos y los besos,
las noches, los hoteles, al volver a encontrarnos
no sabíamos nunca de qué hablar.
Un día me dijiste que yo me aproximaba
a ti como el que intenta recomponer los trozos
de una pequeña ánfora rota.
No hace falta —decías—, *soy muy fuerte*. Y te tocaba
temiendo aún abrir llagas como cuchillos,
una Alejandra pálida, sorda como un reproche.

No sé de quién quería protegerte.

Han pasado los años y no te he dado nada
salvo palabras, y a veces ni eso.
Quizá esperabas que me enamorase
de ti. Bueno, lo hice,
con un amor que es un secreto a voces:
ruido de ágiles dedos recorriendo el teclado,

pidiendo todo. Me escribiste: *¿Qué quieres de mí?*
¿Mi alma, mi mano?
En cierto modo tú fuiste el primero. Y yo asentía,
graznando: todo, todo.

Y me acuerdo de ti y de nuevo estás desnuda
como un pañuelo, y eres libre y morena, una isla nativa,
y tan hermosa que me duele el pecho como si hubiera
    hecho algo muy malo.
Somos dos novios. Y tú no pudiste
ni quedarte a dormir. La ropa era una cáscara.
Nos tronchamos de risa delante de dos copas.

Ahora tal vez no tenga ni tus correos, ves:
no supe protegerte.

Pero ni los veranos despiadados ni los sórdidos tigres
    —su horror blanco— tienen parte en lo nuestro.
Somos a un tiempo espectador y mago uno del otro,
y habrá más camas y más copas y
millones de palabras.

Soy un animalito muy doméstico.
Venga, sonríe,
mi chica fuerte.

ROSA Y MYRIAM ENTRE EL PÚBLICO

X. presentará su libro...

En este instante, *él*
es La Literatura.

Sentado tras vosotras,
en vuestras nucas leo una atención perfecta,
como en una Primera Comunión
hacia la que os condujo
la vida entera: libros y más libros.
La misma fe que arrastra cada noche, cogido por el
    cuello,
al poeta adolescente ante su página.

Ni a gritos volveríais la cabeza.

¿No es una redundancia? La escritura
sólo es cuanto precede y sigue a la escritura,
como cambiar un objeto de sitio.
¡Voilá! Se ha transformado

el universo entero.
En cada cosa viva hay algo de nosotros y ahora todo es
    verdad, y antes preferiríais estar muertas
que aquí no. Vuestros ojos,
clavados como espadas en La Literatura, lo confirman.

Yo quiero ser El Libro.
No hay mejores lectoras en el mundo bajo la luz
    arcádica del flexo.
Todos nuestros poemas os están dedicados
y las imprentas cantan en alabanza vuestra.

Oh, miradme, puedo cambiar el mundo.
Traedme a vuestros hijos y tocaré su frente.
Soy el travieso dios que estabais esperando, volved esas
    cabezas.

Yo que empuño el bolígrafo,
que he sido y soy todos los hombres, pero
no La Literatura.

DE *TIENES QUE IRTE*

(2017)

RESPUESTA DE LÁZARO

No merece la pena, no te empeñes.
    Yo ya he cumplido e iba a disolverme, tan contento.
¿A qué viene esto ahora?
¿Otra vez los afectos y sudar por las noches y bregar
y la sed y el dinero? (Sobre todo el dinero).
No, gracias. Eso ya son cosas vuestras.

Se estaba bien aquí. Los gusanos no son muy exigentes.
Uno delega en ellos los detalles.
Por lo demás, me gusto. No es que huela muy bien
pero puedo estar solo. La gente es tan extraña…
Años llevo intentando comprenderla.
Aquí no hay amenazas, ni preguntas, ni se espera de ti
algo distinto a una quietud insólita.

¿Miedo a vivir? Lo mismo que vosotros,
pero sin aspavientos.

El mundo es más difícil: hacer lo mismo una y otra vez,
y encima Dios, que no te quita ojo,
diciendo «Has hecho daño» y «No te esfuerzas».
Ya no hago daño a nadie. Podrido estoy más limpio
de lo que he estado nunca.

Conque puedes coger tu pequeño milagro y esfumarte.
Terrazas soleadas, inútiles banquetes.
Yo soy perfecto. Busca
a otro infeliz que aún se haga ilusiones.

INSECTS

Me han elegido. Casi es un honor,
aunque agite las manos en el aire como una reina
     histérica.
Para ellos sin duda es un saludo.

Por otra parte,
puede que me confundan con alguien: una planta
de hojas buenas, el cuerpo de la niña que se pudre
dulcemente en algún cañaveral.

Aunque creo que no. Les atrae mi olor a cosa viva
y ha de ser fascinante verme hacer aspavientos.
Soy el juguete grande de los niños hexápodos.

Yo creo que me quieren sin culpa, sin saberlo;
y aunque hoy lo soy todo para ellos, no me echarán en
     falta.
Diminuta grandeza

la de estos que carecen de memoria
y de remordimientos.

Su compañía es próspera: no cesa.
Su vibrante ternura se parece al susurro de una deidad
	ventrílocua.
Su generosidad fecunda el mundo.

Y yo empuño mi cetro. Oíd el nombre
de La Plaga, de El Último:
Baygón.

Me quedo pensativo entre mis niños quietos.

Anhelaba un fracaso, yo, La Peste.

DUMMY

En realidad ya estoy acostumbrado:
ni siquiera me duele.

Antes era peor: perspectivas de viaje que siempre se
	truncaban (y a los niños
no les daba ni tiempo a marearse),
el *dejà vu* del susto y un punzante
sentimiento de culpa:
no he sabido cuidar de mi familia.

Luego uno aprende a relativizar
y no faltan ventajas: nada de preocuparse por ascensos
o por pagar facturas,
mis hijos nunca traen malas notas,
mi mujer no me engaña: se sienta y cierra el pico.

Somos una familia peculiar: el señor Ave Fénix y señora
con sus encantadores chiquillos soñolientos.

Tan ciegos, tan tenaces
en el error. Tan tontos.

Ya lo sé: damos risa.

Tengo este sueño: pego un volantazo
de lo más inspirado, piso a fondo,
esquivo a un ingeniero y salimos a escape
carretera adelante, hacia auroras blanquísimas, el cielo
    de los dummies.
Y al despertar os odio. ¡Dios mío, cómo os odio!

Óyeme tú, viajero, que recorres triunfante la autopista
y a tu corazón baja
el canto eterno de la radio-fórmula.
Acuérdate de mí cuando, muerto de miedo,
levantes la cabeza llena de sangre y grites:

«¡Santo Dios, no lo he visto!
¿Estáis bien?».

Y el silencio.

DINERO

Lo tuve.
Y la llave del cofre del tesoro, toda de plástico,
leal como un amor adolescente,
con su leve chasquido de sexo maquinista.
Oh, cajeros, banquetes
del siglo XXI, que no sacian,
y la hermosura de las Matemáticas.
Entonces no le hacía mucho caso.
Era tan mío como mi nariz
o mi mano derecha.
El dinero no es sucio. ¿Acaso tu mascota o tu bebé son
    sucios?
¡Y hacía cosas, cosas!
Prodigios cotidianos: un mago de bolsillo.
Y su música enérgica, contante,
era la melodía de un mundo hermoso y lógico.

Ya no lo tengo.

A veces noto el hueco como una amputación de lo
    mejor de mí.
Y es curioso haber sido tan propicio
y ya no serlo. El nombre de su ausencia
es Intemperie.
Ahora sé lo que era
el dinero: un yo perfeccionado.
Y otra cosa: un espejo en el que se miraban los demás
y era a mí a quien miraban, conmovido
de aprobación, ligero de aflicciones.
Y el mundo proseguía,
como las cosas llenas, como lo que rebosa,
mientras yo abría puertas e iba alegremente a todas
    partes
cantando: cuánto, cuánto, no hay problema…

ELVIS, RECONOCIDO

¿Fingir mi muerte? Yo no fingí nada. Yo morí
realmente. Soy otro:
un nuevo yo dispuesto a la sorpresa.
Soy un juego de manos. Hago trucos.

Una mañana al despertarme el aire era distinto,
como si no pudiera respirar, pececillo dorado.
Y quise decir algo. Sólo salió un vagido. Me asusté.
Nacer es doloroso.

Por eso estoy seguro de que me has confundido.
Han pasado mil años y lo único que tengo es una
        cicatriz, el muñón de un siamés:
si me imitara en un concurso quedaría el último.

Ahora, la mayor parte del tiempo no me acuerdo de nada.
Sólo sé lo que dicen. Me han visto en todas partes
y todos tienen algo que opinar.

¡Pero ese no era yo! Si es que no dan ni una…

                                        El muerto en vida

no es menos transparente que un fantasma.

Amigo, mala suerte, no podrás
contárselo a tus nietos. Bueno, cuéntaselo.
Quién no nos dice que él fue el impostor
y yo la verdad pura y cristalina.

EL DÍA LIBRE DEL DIABLO

Lo malo es que no tengo ningún hobby
ni sé hacer otra cosa que diabluras.
¿Cómo voy a llenar un día tan largo?

Me pongo una sonrisa, manos en los bolsillos,
con el aire jovial
de alguien que saborea la manzana del mundo.
Pero enseguida se me van los ojos:
a ese tipo podría decirle algo al oído
o esperar a esa vieja en un portal
y apalearla.
Unos novios se besan; aquí lo tendría fácil:
soy bueno en lo que hago.

¿Pero qué estoy pensando? Hoy es mi día libre
y no estoy de servicio.
¡Vamos, a pasear, a no hacer nada!
La mañana es inmensa y el sol es un regalo.

Me detengo en un kiosko, leo los titulares.
Reconozco mi firma casi en cada noticia, y me sonrío
con legítimo orgullo de artesano.

¡Otra vez el trabajo! ¿En qué me he convertido, en un
    maldito
funcionario del mal?
¿Un dominguero con antecedentes?

Ah, no siempre fue así.
Hubo un tiempo en que el odio era la poesía
oscura de la tierra, su savia, su alimento.
Y yo amaba en el daño con el ardor fanático
de un solitario adolescente.
Me daba como un padre y estos eran mis hijos. No sabían
que es el amor quien mata.

Luego aprendes tus mañas y todo se limita
a un aburrido truco de aquelarre,
y la vida y la muerte son un juego de niños.

Ya sé quién soy ahora: el que ha olvidado
su secreto: el fervor.

Adiós al heroísmo y al poema.
Seré puntual mañana en la oficina
a administrar la muerte con fría diligencia de
    burócrata.
Infamias rutinarias, papeles por firmar.

                                    Merecería
en vez de altares una paga extra.

CARTA DEL CÍCLOPE

QUERIDO Ulises: No,
no te guardo rencor.
No hiciste más que lo que te tocaba
y hasta podría estarte agradecido:
esto tenía que ser.

No digo que me guste. Se parece
a volverse invisible entre las cosas.
He desaparecido de mí mismo. Me he volatilizado.
La identidad es algo que no puede palparse como un
    trozo de pan
o un abrigo de lana. Me pregunto
qué soy ahora, cómo será el dueño
de mi voz, el que dice noche tras noche esas cosas
    terribles
y me llama llorando y confunde mi nombre con el tuyo
mientras golpea un rostro,
muerto de miedo. ¿Y tú

te atreves a llamarte Nadie? ¡Ja!
Mírate en este espejo y dime si ves algo.
Ayudaría bastante.

Pero no creas que me va tan mal.
Me quedan los recuerdos y fueron buenos tiempos,
cada cual aportando lo que sabía, haciendo su papel
en la rueda mortífera de esta historia de amor.
Quien hace daño y quien recibe el daño son el mismo.
Esa es la despiadada belleza de la vida,
su verdad espantosa, y así quien ama más
entrega sin pesar su regalo de sangre.
Habrás de convenir
en que en eso fui un monstruo de lo más apañado.

Me duele, sin embargo, y esto no es un reproche,
tu actual indiferencia. Yo he cumplido,
y si hablamos de deudas aún podría sacarte los colores.
Yo te di tu razón de ser, pequeño héroe,
y ¿qué me queda a mí? Me gustaría
saber al menos cuál es mi papel… si tengo uno.

El exceso de mundo nos vuelve a todos locos, qué te
      voy a contar

a ti precisamente; pero escucha:

mi sencillez primaria es un tesoro,

mi demencia se nutre de tus mejores sueños. ¿De verdad

no te hago falta, ni un poco siquiera?

Hazme un favor: destrúyeme

o acéptame en el orden de las cosas.

Todo menos dejarme en esta mancha oscura, con las
   voces del Otro,

lejos de ti y de mí, arañando la noche.

Velando mi cadáver.

      Tuyo:

        El Cíclope.

HANSEL & HANSEL

Hermano, casi fuimos una cosa junta,
casi fuimos como una misma cosa.
Y ahora dos muñones.

Quizá el bosque era demasiado espeso y me he perdido.
Como sea, da media vuelta, sigue las miguitas
y llegarás a casa.

En el mundo no hay sitio suficiente
para los dos. Éramos como bárbaros,
nuestra sangre de hermanos un chocolate tóxico
donde mojar las garras, ¿lo recuerdas?
Cuando los niños dejan de jugar
es cuando empieza el juego, la hora de la Bruja.

Soy la pequeña ardilla, no me muerdas, hermano,
no me arranques la delicada piel.

La parte de los dos que era yo: te la doy.
Ahora estamos en paz, hermano, mi enemigo.
Despídete: derríbame
de un puñetazo.

A Papá y a Mamá diles que sabe Dios
dónde se habrá metido ese hijoputa.

DESPEDIDA DEL FANTASMA

Por fin lo he comprendido: mi presencia te alivia.
Ya no me verás más.

No arrastraré cadenas ni habrá una mano helada
que acaricie tu sueño en mitad de la noche.
No más voces: las voces acompañan.
En vano buscarás por los pasillos
el consuelo fugaz de mi esqueleto.

Quería atormentarte, es mi trabajo,
y el tuyo no olvidar; mas los mortales
tenéis la manga ancha: aprendéis enseguida
a vivir con la culpa, y su olor a veneno infectando la casa.
La soledad, en cambio, con esa no podéis.

¿Era la redención lo que andabas buscando? Muchas veces
leí sobre tu hombro, no lo niego,

y me vi en tus poemas. Pero de eso tampoco quiero hablar.
No la obtendrás de mí.

Así que aquí te quedas, yo me voy con la música a otra
    parte.
Te dejo un regalito: tus recuerdos.
Piensa en las tardes frías como largos tentáculos, y en el
    rencor inútil,
los monstruos de juguete y tus ojos cubiertos de negra
    sangre seca.
Tú sabrás lo que has hecho, tú sabrás.

Adiós, cabrón. Disponte a ser el único
fantasma de tu casa.

VACÍO DE RAFAEL SUÁREZ PLÁCIDO

Se me ocurre que no
tenía muchas ganas de vivir.
Y es mejor no pensar qué medidas podía haber adoptado:
nuestra devastación y sus rayos letales
enrareciendo el aire Dios sabe cuánto tiempo,
mucho después de él.
Terrible que la herida de su muerte nos ahorrase esa herida.

Y luego está el asunto de la literatura.
También es un motivo
para vivir, no sé si suficiente.
Hacia el final, de sus poemas sólo le gustaban
unos pocos. Un hombre necesita una tarea,
como contar su historia. Y eso es algo
que ahora ya nadie puede hacer por él.
Ni siquiera yo mismo.

Supongo que esto es lo que ocurre siempre:
ese silencio sordo
de todo lo que ya no hemos hablado ni hablaremos.
Y yo quiero entender mi propia pena.
Hay muchísimas cosas que no diré jamás
porque sólo podía decírselas a él.
Es su hueco de mí.

Dicho esto, la vida no prosigue, porque es otra,
y el que yo era con él ya se ha desvanecido
(no habré de defraudarle,
no me verá faltar a mi conciencia).
La espantosa añoranza del futuro amputado:
las palabras, la historia, los poemas,
cuanto no seré yo y no será él.
Y hasta, en las noches malas, su otra muerte.

NOLI ME TANGERE

Los hombres que vinieron a arreglar la nevera.
Tan fuertes, y sabían dónde estaba el enchufe.
Sólo hablaban lo justo: frases que no se aprenden en la
    universidad.
Se le había parado el corazón.
Sus ojos escrutaban, comprendían
su corazón de máquina. Y hacían malabares con las manos.

Qué precisión. Uno nunca sabría ser tan fuerte y tan claro
    ni decir cosa alguna de interés.
Me odiarían. Son demasiados libros. Y demasiado pijo. Por
    todo el mundo hay gente
con algo que decir. Sólo yo estoy muy lejos, no sé dónde.
Y me muero de miedo ante la gente que hace cosas útiles.
Yo no hago nada útil.

Así que huyo a mi estudio, lleno de los poemas, los recuerdos
que me llevan matando desde los veinte años.

Me acuerdo de la chica, por ejemplo, que bailaba de noche
    ante una hoguera
y de nosotros mismos bañándonos desnudos.
Eones han pasado,
y ahora soy un extraño, un eremita.
Alguien está viviendo en mi lugar.

Y mientras tanto arreglan la nevera, y se marchan por fin,
porque tendrán que hacer otro milagro en alguna otra parte.
Y yo me quedo aquí con lo que soy,
como si todos esos libros
fueran a devolverme lo que fui,
una especie de magia.
No consigo fijar en la memoria
las caras y los cuerpos de los que nos bañábamos.
No me acuerdo de nada y, sin embargo,
no poder olvidar algunas cosas, eso es mucho peor.

No me retengas.
Hay algo que me espera en algún sitio, pero aún no sé qué es.
Y no son los poemas, y no es mi juventud.
Es algo útil.

Como poner en marcha
un corazón parado dentro de un cuerpo frío.

QUEMADURAS

«La autolesión suele comenzar en la adoles-
cencia [...] A menudo funciona como una es-
trategia para regular las emociones [...] Es más
común de lo que siempre hemos pensado...».

(Leído en la prensa)

«Cómo duele el esmero».

Susana Baca

Llegó a ser adictivo, y ahora entiendo a los santos y a
    los mártires:
cómo debían gozarla los muy cucos.
Una medalla de sabiduría, un pin insólito, íntimo, bajo
    manga,
la estolidez del héroe
y en la agenda el teléfono de Dios, para contárselo.

Las cosas son así con los adolescentes, hasta el último.
Borradores del mundo pero llenos de tóxica alegría,
su escupitajo traza un bello arco hacia nosotros.
Nosotros, que ya estábamos
a otros asuntos.

Les vuelve locos eso de morir.

Y además están hartos de motivos: los sustos de la luna,
la música letal, toda el agua estancada, la blanca huella
    inútil
bautizando las noches, cada noche, cada maldita
    noche,
como un juego de manos, una recreativa convulsión de
    pijama.
Y los poemas malos y el recuento
minucioso e hipnótico de desprecios y afrentas,
la estufa enferma en la que quemar odio sin parar.

Harás mal no tomándoles en serio, a los adolescentes:
ellos sí que se esfuerzan.

Pero vamos al grano, porque querréis, supongo, los
    detalles.
No hay mucho que contar: duele lo suyo.
Eres tu obra de arte del dolor.
Uno piensa en jaurías, piensa en fosas comunes
en las que aún queda algo que se mueve.
Notas que te respiran en la nuca y te giras de golpe, allí
    no hay nadie,

y vuelves a empuñar tu bisturí humeante, lloroso cirujano
de manos como insectos. Has salvado una vida:
ahora que no se infecte.

Bueno, esa es la mecánica,
básicamente. Pero
el meollo, el intríngulis, eso es otro cantar. La blanca costra
del chico-cenicero es delicada, como el plumón de un ángel,
pero opaca. Si hurgas en su epidermis
tan sólo verás monstruos, y si ves tu retrato
no te fíes: es pura pareidolia.
Pregúntale y verás que calla como un muerto.

Así que si tampoco sacamos nada en limpio
ni nos hizo mejores ni medio resistentes
ni detuvo el dolor, este dolor insomne, justo bajo la piel,
¿para qué esa escritura, qué decían
las letras rojas que me esforcé tanto en traducir
tras tallarlas, tatuármelas a fuego, con sorda disciplina de
    soldado?
¿O era de funcionario arrepentido, de loca de la casa?
¿Quién estaba mirándome?
¿Y quién al otro lado del teléfono, con la boca cerrada? ¿O
    no llegué a llamar?

¿Era yo de otra raza, con demasiados brazos, por
    ejemplo, y unos ojos así,
dramático y ridículo pero un tipo decente y bla bla bla?
¿Hay un sobre cerrado en algún sitio, con sabrosos
    secretos
y la revelación de todo esto, astuta e intachable?

Tiene que haber, tiene que haber, tiene que haber
    alguna explicación.

Pero, maldita sea: no se me ocurre nada.

ELLOS

No sabemos gran cosa
de Ellos.

Se nos parecen, sí, pero no mucho.
Quizá son extranjeros
o habrán estado ausentes, en algún sueño o en alguna muerte.
En todo caso, aquí nadie se fía
de Ellos.

No se te ocurra hablarles. Ni les mires.
Es como si se mira uno a sí mismo.
¿Que parecen sufrir? Bueno, eso es cosa
de Ellos.

Pasamos y sus ojos nos traspasan
como húmedos puñales.
No sé en qué están pensando. Tengo miedo
de Ellos.

Tal vez quieran matarnos. Tal vez algo peor.
Hay que actuar antes de que sea tarde.

Cuidado, ahí viene uno
de Ellos.

INSOMNE

Ahora ya sé quién soy: un centinela.
Siento fluir la sangre de la casa con mi entrenado oído.
Ese lejano enjambre es la nevera,
ese crujido ha de ser una puerta o un ladrón.
Vigilo para nadie, un testigo secreto,
el gran ojo domótico mientras las cosas piensan que
    están vivas.
Soy como Dios.

¿Dónde iba a estar mejor que tendido en el mundo,
dueño de mis recuerdos? No tenía ni idea
de que tuviera tantos. ¡Y esas voces!

En cambio, si me duermo puede ser
que sueñe que me han enterrado vivo,
un Lázaro del cual se han olvidado.
Socorro, y todo eso. Prefiero esta vigilia.

Pero pesan las horas y las horas, como una guardia inane:
sin novedad.
Estoy aquí de adorno de la noche,
y uno quiere ser útil. Por ejemplo,
en toda casa hay un fantasma, ¡uuh!
Lo malo es que no queda
nadie a quien asustar.

Me voy petrificando lentamente:
soy la prueba tangible de que el alba no existe.
Tal vez alguien pudiera relevarme, ¿voluntarios?
Quiero dormir, dormir,
aunque sea una muerte, aunque sea no ser.
Mi intemperie nictálope me envenena hasta el tuétano.

Eso y que no hay manera, Santo Dios,
de que las voces dejen de repetir mi nombre.

INTERVALO DE LA ROSA

Ya está otra vez la Rosa.
Estamos hasta arriba de la Rosa.
La Rosa es la culpable del verbo deleitar.
Nos han jodido bien a los poetas con la Rosa, la Rosa.

Ella se llama como el fin, el término.
Hemos cavado un búcaro imposible
y en el sonríe la maldita Rosa.

Pero ¿cuántos la han visto? Seriamente.

Tendrá días mejores. Se explica así asá.
Nadie podrá decir que la entiende del todo, o que la
    ama.
Veneno de la Rosa, que abona las entrañas del mundo.
    ¡No la toques!
Sus metáforas crecen como brotes mortíferos.

Su constancia resulta aterradora.
No cesará la Rosa hasta que nos cortemos
las venas, como Rilke, con la Rosa
es una Rosa es una Rosa es u...

NOLUGAR

¿Quién anda ahí? ¿Es Dios?
¿O Supermán?
Algún extraño, en cualquier caso; nadie
viene ya por aquí. ¡Sal a la luz!

Ah, no, me he confundido: le conocemos bien,
aunque no sé si es hombre o es animal doméstico
o práctico utensilio, o mejor una idea que ya se nos
    había ocurrido antes,
un sueño tumultuoso.
Pero, en fin, aquí está, y es como de la casa.

Bienvenido, llevábamos un tiempo sin visitas,
hoscos, ensimismados, sin hablar,
no viviendo los días: aventándolos lejos
como arrugadas bolas de papel.
Ya no suceden cosas y es mejor que así sea,
conque no te hagas muchas ilusiones
de venir a hacer cambios. ¿Para qué?

Todo empezó hace tanto tiempo que ni me acuerdo.

No empezó con tormentas ni cielos ominosos; nada de
numeritos.

En realidad no sé cómo empezó. Ni sé lo que empezó.
Nadie lo sabe.

Pasemos ese punto.

Poco a poco

fuimos acostumbrándonos, ¿quién va a morirse de eso?

Hay momentos mejores y momentos peores; relevante
ninguno.

Con un poco de suerte, sólo se trata de irse consumiendo.

Por lo demás, no hay que explicarlo todo:

se arruina el chiste y tú

no eres ningún extraño para que nos pongamos a
aburrirte con líos

que conoces de sobra.

Mejor cuenta tú algo. ¿Ya te vas?

Se me olvidó decírtelo: te quedas.

No montes un escándalo. Eso, arrímate ahí.

Y empieza a no hacer nada.

En el fondo esto es justo
lo que toda tu vida sabías que iba a pasar.

Yo me vuelvo a mi puesto.

¿Quién anda ahí? ¿Es Dios…?

VENENO

Te estoy envenenando lentamente, cabrón,
y tú no te das cuenta.
Mi ponzoña invisible acaricia tus vísceras como un
    beso de Judas,
los órganos blanquísimos, cada inocente célula.
Ahora dentro de ti bullen las multitudes, voces que no
    descansan,
pequeños dientes ávidos, ñam ñam.

Tu integridad sucumbe a la carcoma:
ya no eres santo.
Se te puede matar.

¿Te gusta la receta? He ido perfeccionándola
a lo largo de siglos. La verdad
es que tiene bastante aceptación. Todos repiten.
Verás cuando te cebe con mis cristales mágicos,
mi sopor clandestino.

Te vacía por dentro, poco a poco.
Te libera de todo.

Intenta defenderte. Cualquier cosa
menos esa brutal pasividad con que anotas los síntomas.
Te preguntas por qué ya no ves bien, y esos calambres
como cosquillas tóxicas.
¿No sospechas de mí, ni aun estando tan cerca? Abre los
	ojos.
Rebautizar el miedo: eso no va a salvarte.

Supongo que era arduo
asumir que este cáncer puede ocurrirle a uno.
Cosa tuya es seguir o no alargándolo. Lucha o ríndete ya.

Ante Este que es el símbolo absoluto
y la paz: el Veneno.

LA CONVERSACIÓN

TEME a la oscuridad, dijo la oscuridad.
Tu flanco vulnerable ya eres entero tú.

Este mundo sin formas está lleno de formas,
dije. *Muy acertado.*
Apuesto a que ya intuyes unas cuantas
y todas son del tipo
de las que no te dejan escapar.

¿Monstruos?, dije yo. *No, nada de monstruos.*
Soy muy real, puedes tocarme, ¿notas
cómo te abrazo?

Sólo eres aire negro, respondí. *Te equivocas.*
Mi opacidad contiene el mundo entero.
Incluso tú
eres algo hijo mío.

Ahora me acuerdo, dije. Hace ya tantos años.
Eras tú quien cantaba esa canción.
Ya lo has averiguado, dijo. *Bésame.*

Quiero irme de aquí. *Márchate cuando quieras.*
Tampoco irás muy lejos.

INÉDITOS

ASESINO CON VÍCTIMA
EN LA ESCENA DEL CRIMEN

> «¡Sangre, sangre!».
> SHAKESPEARE, *Otelo*

¿Cómo voy a limpiarme de las manos
esta espesa dulzura?
Voy a llenar el mundo de huellas encarnadas,
como un ciempiés corrupto.

A solas con la muerte que he creado,
ahora soy una madre con un niño dormido.
No sé lo que pasó, le cantaba una nana
y fue y cerró los ojos. Y ya no se despierta.

¿O será un hombre? Todos
tenemos enemigos.
Quién podría culparme
de hacer este muñeco de venganza con mi risa mortífera.

O a lo mejor es una esposa exhausta
de haber amado mucho,

de haber hablado mucho,
de haber llorado mucho. Ya descansa.

No sé quién es. Sólo sé que está inmóvil.

¿Pensabais que la muerte no era fácil? Pues es casi trivial.
Se mata con palabras mejor que con cuchillos,
y manchan tanto o más.

¿Qué voy a hacer? Oh Dios, como me atrapen.
Como sigan el rastro de miguitas de pan.

Ah, no es verdad. Se mueve, nadie ha muerto.
Qué susto. Y hace cosas.
Seguro que mañana va al trabajo, lo mismo se enamora,
come algo… cosas que hacen los vivos.

Soy inocente entonces. Todo ha sido un mal sueño.
Eh tú, pequeño lázaro, levántate.
Y sin rencores, ¿vale?
No me mires así.
¿Estás llorando? Adiós.

Otra vez solo. Soy como una lámpara
que da luz para nadie, y una cuenca sin ojo,
y una señal borrada. Te quería.
Ahora viene lo bueno, y eso sí que es un crimen.

Ya sé quién soy: Medusa,
un hacedor de piedras.

Voy a entregarme.

HISTORIA DEL CORAZÓN

«Lo que usted tiene dentro del pecho es un seguro de vida».

(Palabras del médico)

E imaginé al instante
ventrículos y aurículas sólidos como rocas
y diligentes válvulas mitrales y tricúspides,
leales como un viejo camarada de armas,
y una tromba de litros y más litros de sangre
irrigando este campo que soy yo,
el tañido gozoso de sístoles y diástoles tan tan
tanta salud, tanta vida, un seguro,
el apretón de manos de la inmortalidad.

Conque le di las gracias y a otra cosa.

Ya no lo oigo.
Supongo que está ahí,
agazapado tras el pericardio, esperando el momento
de ajustar cuentas.
Tal vez se haya parado,
y entonces soy un muerto que camina, una lengua cortada,

yo que iba a vivir siempre,
yo que tenía que comerme el mundo.
En las noches peores su mudez me ensordece.

¿Y cómo sucedió? ¿Y yo qué estaba haciendo?
¿Pronunciando palabras y palabras, como siempre?
¿O dispensando frío? Eso se me da bien.
No más tan tan ni diástoles ni apretones de manos
ni seguros de vida ni la sangre y su música jovial.

Ahora lo sé. Fue cuando ella me dijo:
nunca serás feliz, vas a estar solo.
No tienes corazón.

Y se oyó un golpe seco y fue verdad.

TERMINAL

Lo que infecta mi sangre
me pertenece.
Igual que cada célula que muta.
Mi propia muerte
tiene mis ojos.
Podría hasta firmar con su nombre: Mi Muerte, ese soy yo.

¿Curarme? ¿De qué tengo que curarme?

Equilibrio, certeza,
todo cuanto la gente busca como un grial
sólo ocupa el espacio de aquello que se niegan a sí mismos.

Yo no. No haré traición.
Si un dios lo ha decidido,
por mi parte ya sé qué dios es ese.
Yo soy la insania,
puedo vivir con ella.

Acepto mi apetito de extinción.
Quiero ser todo eso,
la enfermedad y todo lo que muere. La belleza.

LA DUDA

Al verme vacilar
dijo: Es esto o la muerte, usted decide.
Y me sentí retado.

Qué si digo que no.

Ella no me es extraña, la he sentido pasar algunas veces.
Me ha acariciado y no me daba miedo.
De las pocas promesas en que puedes creer.

Siento la tentación de cancelarme,
ser el Dios de mí mismo, aniquilar
a esta mi criatura.

A lo mejor no es más que lo que suponemos:
una ausencia perfecta, la pureza
de no sentir, saber o desear.
Qué extraña seducción asomarse a una nada,

ir a dejar de ser por medio de una fuerza
tan constante, tan segura de sí
como sólo podrían el amor o la pena.
Y tan voraz.

Si me debo una muerte el momento es ahora.

Y el momento ha pasado, la extraña fantasía de cesar.
Y, todavía absorto, consiento y me traiciono.

El médico respira: firmo y vivo.

SALA DE QUIMIOTERAPIA

... y nos lleve a la vida eterna...

Los de la inmuno
tenemos mejor pinta,
seguro que los otros se preguntan por qué.
Y de su palidez a mi color, de su calva a mi pelo,
aunque seamos todos pecadores,
aún hay clases.

Pero son más las cosas en que somos iguales: el veneno
que cura gota a gota,
la paciencia que aguarda no una victoria sino un
    armisticio,
el pensar en la muerte algo más de la cuenta,
y lo disciplinados al hacer los deberes.

Estamos esperando
la Buena Nueva. Pasan sacerdotes
todos de blanco y todos los miramos
por si acaso quisieran darnos su bendición.

Pero aún no. Nuestro oficio:
obedecer. Y no los hay más dóciles.

Yo rezo: Fuego Amigo,
repara por favor en quién es realmente tu adversario.
Tenme piedad. Pero si me transformo como estos,
seguiré deseando que acaricies
mis entrañas con tus uñas impuras.

Luego llega la hora. Nos llaman. Ya celebran
la Eucaristía.

EL NIÑO COJO

«Lo siguió, al son de la melodía, la menuda tropa».

HERMANOS GRIMM

QUISE seguirle. ¿A dónde? Pues a donde iban todos.
La cueva. El escondite
en el que espera Dios. Las aguas mansas
que limpian los pecados.

Rápidamente los perdí de vista.

No pasa un día en el que no me acuerde
de lo que pudo ser.
Otra vida y un mundo fabuloso.
Aventuras. ¿La muerte? Bienvenida la muerte,
una muerte brillante como su larga capa de colores,
su música encantada.
Y la belleza. Todo menos esto.

Ya ni siquiera soy el Niño Cojo:
el Cojo, simplemente,
en la tierra sin juegos ni sonrisas.

Hasta las ratas fueron detrás de él.

Cuando acaban los cuentos, ¿qué queda de los cuentos?
Lo que se pudre inmóvil, sin leyenda.

Vi al redentor
con los suyos y no se fijó en mí.

BÁRBARA Y LOS MONSTRUOS

Si te vas a la cama
se te pueden llevar.
Si te quedas muy quieta,
cuidado, viene alguien.

Voces en el salón. Debe haber una fiesta.
Duérmete.

Estás en la casita de la playa,
sola y a salvo.
Estás chapoteando en la bañera.
Ahora estás en el monte. ¿Y ese bulto?
Es un animal manso, se deja acariciar.
Ni se mueve. Y un hombre con las manos humeantes
se echa a reír.

Otra pieza cobrada.
Puede que fueras tú.

Duermevela. Qué extraño cumpleaños,
sin regalos ni tarta ni otros niños.
El cuento de la bruja y las migas de pan ¿cómo termina?

Y vuelve a ser ahora. Tú sola en el garaje,
dentro del coche, el motor apagado,
tu placenta metálica, el placebo.
Se llama soledad y sabe bien. Inmóvil
como una almohada
o el folio con el último poema,
del que ya no recuerdas una sola palabra.

Y lo demás, la sucesión de días,
las tareas iguales.
El mundo
con emociones era mucho más difícil.
¿Así que has conseguido desprenderte de todo?
Menos del miedo.

Sigue no siendo nada, es lo mejor.

Pero no era una fiesta.

Despiértate, despiértate. Ya vienen.

Tienen los pies muy grandes, la boca es una mancha.

Siempre han estado aquí.

Y tú cierras los ojos. Y te comen.

AÑOS 80

«Hay destinos
donde lo que carece de temblor no es sólido».

VLADIMIR HOLAN

No sé bien a qué íbamos, supongo
que a no ser invisibles.

Y allí te recibían los espejos
y el aroma lustral de la colonia, plegaria de los jóvenes,
multitudes que esperan sonrientes una revelación, y tú
   tan guapo
y con tantos secretos, y cara de secretos,
tan especial que nadie más es tú.
Era como si fueses Jesucristo.

El verdadero amor es un gorila que te deja pasar.

Pero entonces la música, la música,
su sorpresa en el pecho y el estómago.
Las palabras gritadas al oído no eran menos que versos,
y te dejaban un instante mudo, pensativo de pura
   intimidad y música.

Qué decir de la copa incluida en la entrada
sino que ese era el cáliz de mi sangre.

Pero yo quiero hablar de la belleza.
Una súbita luz nos cegaba un momento,
como una nueva era queriendo amanecer.
Haz la pregunta, pronto, la pregunta:
¿A quién sirve el Grial? Todas las chicas
se quedaban entonces mirando con deseo al Redentor y
    Virgen,
aunque no me mirasen, qué importa ese detalle,
si cada corazón adolescente
alimenta la pena más dulce de la tierra, si en mi vida
he sido más feliz que entonces, cuando era
más desdichado.

Se fueron todas, claro, hasta la última,
y lo más importante: ¿dónde están
y qué ha sido de ellas estos años,
cuando yo me fui al mundo?

De noche, al acostarme, extinguida la música,
pensando en el mañana, rezaba esta oración
al dios clemente de la Discoteca:

Haz que yo folle mucho,
con chicos y con chicas.
Que coman de mi carne y beban de mi sangre.
Haz que yo folle mucho.

Y me lo concedió, pero esa es otra historia.

LUNA DE MIEL

Ahora vamos tú y yo a conquistar Roma,
como risueños bárbaros,
pertrechados de mapas y nombres de tabernas,
como quien se hace dueño de su casa,
como dejar tus cosas esparcidas por un cuarto de hotel.
Las calles donde no ves más que curas y más curas
y que recorrí solo y cada calle parecía una novia.
Ahora vamos los dos, novia, a reconquistarlas.

Esa en que me topé con Nuno Júdice,
más solo que la una, igual que yo
(charlamos mansamente y nuestros fardos
de fabulosa timidez ibérica impidieron
que comiésemos juntos); y esa otra
en que me estafó un ruso casi azul 20 euros,
pero me alegró el día;
y esa en la que hice un alto y te llamé,
para presumir, sí, de Roma, aunque también

porque tú ya eras alguien por entonces, pero yo no sabía
que íbamos a venir un día a Roma y a ser novios.

Vamos tú y yo a dejarnos estafar
por ese ruso u otro parecido.

Tú sacarás tu planning de ir a esto o aquello;
yo tiraré de un hilo
sutil para lograr que te desplomes
sobre una silla exhausta en la terraza
sita en la *Via* Tal y Cual. Yo quiero
ver pasar a los curas y a los novios,
guapos como nosotros (sobre todo los novios).

Y a veces, es verdad, pensamos en la muerte
y no somos alegres, demasiadas preguntas, demasiados
    problemas
pensamos demasiado en muertes y en preguntas y en
    problemas.
Pero no dura mucho en este mundo de los novios,
y más estando en Roma, dispuestos a llevárnoslo
todo, cada pintura, cada vasija etrusca.
Vigílenos mejor, *signore,* somos bárbaros.

Tú lee este poema, amor, en el que no aparece
ni un solo monumento
salvo nosotros.
Porque si me preguntan dónde, dónde, dónde estuve:
en sus hombros, sus piernas, sus caderas,
estuve en su cabeza, estuve dentro de ella, siempre estoy
dentro de ella, y ella dentro de mí, de mi cabeza.
Y es Roma amor y es la luna de miel.

Aunque el hotel no sea muy allá.

LA SED

Yo me di a la bebida por puro aburrimiento.
Me aburría la gente, me aburrían
sus vidas lo indecible.
Me aburría ser yo.

Elevarse es más fácil, otro mundo.
Ese calor de pronto y cierto modo
en que el aire se pone de perfil,
la luz se hace más tenue.
Y entonces ya podías escuchar a ese idiota y el rollo de
    su libro.

Hablar es el placer de oírte hablar
y luego no acordarte
de nada.

Porque todas las cosas duran demasiado,
y el alcohol tiene eso, que pareces

alguien mejor, más guapo,
un joven con melena, y sopla el viento,
un dios despreocupado que vive más deprisa.
Pero qué listo eres de repente.

Por no hablar de la música,
que te recuerda cierta sensación, no sabes qué
ni cómo pero sientes
que era verano, que brillaba el agua y tal y cual.
O una noche, la noche de los tiempos,
con rosas floreciendo como brotes de escándalo.
Todo con una copa, y el otro bla bla bla, que no se calla,
y tú feliz. Estabas
justo donde querías.
En donde fluye.

Pero había algo más.

En mitad de la brisa y de la música
hay un espacio oscuro, como si fuera un pozo,
y si miras ves algo que se arrastra.

No tiene forma,
y aunque tú estás seguro de saber lo que es no lo recuerdas.

Lleva años tras de ti, sin descanso. Cuidado,
quiere salir, te ha visto.
Cierra la losa, pronto.

Y es cuando necesitas otra copa.
Y el mundo fluye y canta más que nunca.

Ya no me queda música.
Curtido en la inconsciencia bien regada,
a veces no consigo no ser yo.
Ah, la tristeza entonces. El hastío
te deja mudo,
como alguien que ha agotado sus excusas o no entiende
    el idioma.
Y te acuerdas de todo.

No hay licor que apacigüe
la angustia de vivir siendo cualquiera en vez de un dios,
su huraña prosa.

Y Eso sale del pozo. Por fin lo reconoces.

Húmedos paraísos, el silencio, la pena.

Bebe, borracho.
No lloriquees más. Cállate y bebe.

LA MANZANA

Si muerdes la manzana,
dijo con su silbido la serpiente,
se te abrirán los ojos y serás como Dios.
Conoces el Enigma pero hay muchas más cosas.
Hay otros paraísos. Ten: la vida.

Cómete la manzana,
dijo la bruja, y me guiñaba un ojo.
Cesará tu dolor,
sabrás cómo es el sueño de los que nada temen.
Vivir es más difícil,
y qué te importa lo que digan esos.
El mundo es una birria.

Muerde ya la manzana,
dijeron al unísono.
Tiempo es lo que no tienes. Es de noche.

La reina baila en el Salón de la Tarde de Ayer,
y vienen a por ti.

Se masca la llegada de una era perfecta.

Decídete, decídete.

ÍNDICE

DE *MONSTRUOS PERFECTOS*
(1997)

DE *EL FIN DE SEMANA PERDIDO*
(2009)

DE *TIENES QUE IRTE*
(2017)

INÉDITOS

Todo va a salir bien.
(Antología poética 1989-2024)
de José Luis Piquero
se terminó de imprimir
el 13 de octubre de 2025